JN213530

管理職になる前に
知っておきたかった50のこと

元鳥取県知事
片山善博

日経BP

まえがき

皆さんに質問です。

あなたは管理職になりたいですか？
それとも、管理職になりたいと思わないでしょうか。

この本を手にしているということは、あなたは「管理職になった」あるいは「管理職への昇進を打診された」または「将来、管理職になることを考えている」といった状況にあるのだと思います。

ここで、自分の気持ちと向き合ってみてください。

私は現在、大学で教授をしているので、「管理職」というイメージはあまりないかもしれません。しかし実のところ、自治省（総務省の前身）に入省後、大蔵省（財務省の前身）に出向し、27歳で税務署長として30人以上のマネジメントを担い、その後、官庁の様々な部署でずっと管理職として勤務してきました。一番多いときで約２００人、少なくても30〜40人の部下を見ていたのです。１９９９年４月に鳥取県知事選挙に当選してからは、知事として県庁職員約３７００人を率い、総務大臣時代も総務省職員約５０００人の長として働きました。その後も大企業の社外取締役を務めました。知事や大臣、役員などは厳密には管理職ではありませんが、集団を率いる役割を「管理職」と言わせてもらえば、社会に出てから、大学教授時代以外の**約30年間は、「管理職人生だった」**と言っても過言でありません。この本では30年以上の管理職経験から導き出した、個の力を引き出す最強のチーム術について、できるだけ具体的に話していきます。

さて、ここで厚生労働省（以下、厚労省）の報告（＊）を見てみたいと思います。これによると、役職に就いていない職員や係長・主任相当の職員のうち、「管理職以上（役員含む）に昇進したい」と回答した人は38・9％。**「管理職に昇進したいと思わない」と回答した人は61・1％**でした（２０１８年調査。男性７３３５人、女性５０１４人が回答）。

もう1つ紹介したいのが、パーソル総合研究所「働く10000人の就業・成長定点調査」です。これによると「現在の会社で管理職になりたい」と回答した男性の割合が、21年の29・5%から24年の20・4%に、約10%減少していることが分かります。このことから、男性の中にも管理職に対して後ろ向きな人が増えている傾向がうかがえます。最近では「管理職は罰ゲーム」と言われることもありますね。

管理職昇格に前向きな人にも、そうでない人にも、私は「管理職という仕事は、まずやってみるしかないよ」と伝えたいと思います。どんな人にも「管理職になったら大変になるのではないかな」というためらいが多少あるかもしれませんが、「やってみたら、心配しているより意外に楽しく働けるはずですよ」と言いたいのです。

前述の厚労省調査で「管理職への昇進を望まない理由」（上位5つの複数回答）として、1番多く挙げられたのは**「責任が重くなる」**（71・3%）、2番目が**「業務量が増え、長時間労働になる」**（65・8%）、3番目が**「現在の職務内容で働き続けたい」**と**「部下を管理・**

＊「平成30年度版　労働経済の分析―働き方の多様化に応じた人材育成の在り方について―」

指導できる自信がない」（同率57・7％）でした。

これも分かるような気がします。最近は残業規制が厳しくなり、チームの仕事時間を管理する業務が大変になっています。特に運輸や建設は規制が厳しくなっていますよね。また、パワハラの問題も大きく、管理職にしてみれば意図せずパワハラと言われてしまうこともあるでしょう。このように様々な側面から、一般的に、管理職の苦労は増えていると思います。こうした様子を見て、「管理職の仕事は苦労が多そうだ。あまり気が進まないな」と消極的になる可能性はあるでしょう。

でも、実際に社会や会社を動かしていくためには、管理職の仕事は必要です。誰かがこの問題を突破しなければいけません。あなたが管理職になったときには、「職場の問題にポジティブにコミットして解決するんだ」という意欲をぜひ持ってもらいたいなと思います。自分が管理職になれば、チームが行う業務を合理化して生産性を上げたり、一人ひとりが働きやすい環境を自分の手でつくり上げたりすることも可能になるのです。

とはいえ、課長として働き始めると「いやだな」と感じるような経験をするかもしれません。でもそれをトレーニングの期間と捉えることもできます。「これはおかしい」「理不尽だ」「この仕事は要らないよな」と思い当たることが出てきたら、「この課題をいつか改善しよう」という思いに変えて心の中で温めておき、自分が部長になったときに順次改善していけばいいんです。すると、自分の後に続く課長ものびのび仕事をしやすくなり、企業や組織としてのパワーが増して、業績は上がるでしょう。こうした仕事ができれば、大きなやりがいや達成感を得られるはずです。

中には自分が苦労したからといって、「私は若い頃は苦労したのだから、君たちも苦労すべきだ」「何を甘えたことを言っているんだ」などと言う人もいますが、こうなると悪循環が生まれます。あなたにはそうした悪循環をつくる管理職ではなく、現状を変え、好循環を生み出す管理職になってほしいです。

前述の厚労省調査で、管理職になりたくない理由の1位に挙げられた「責任が重くなる」はうなずける面もあります。近頃、人々が責任を負いたくないと思う風潮が強まっているように私も感じます。「責任を追及されるポストに就きたくない」と考える傾向は、若手に限らず、中高年の間でも強まっているのではないでしょうか。

でも、理由の2番目に挙げられた「業務量が増え、長時間労働になる」は、仕事のやり方次第で解消できるのではないかと思います。

私は「管理職を長年経験できてよかった」と断言します。組織を改善し、職場環境をよくした結果、組織の機能性や体力を増強できた実感があるからです。管理職になる前から「業務量を削減したら、みんなもっと働きやすくなるだろう」と感じていて、その思いを管理職になって実行に移し、チームメンバーの業務量を削減し、部下に喜んでもらえましたし、それによって自分の業務が増えることもありませんでした。

こんなふうに、**管理職になれば、仕事のやり方を変えるなど、職場の課題を直接解決する権限を手に入れられます。**ですから、「管理職になったら業務量が増え、長時間労働になるかもしれない」という不安は、ある意味で間違っているとも言えるのです。これについては、本編の57～63ページ、125～128ページで詳しく触れます。

理由3番目の「現在の職務内容で働き続けたい」に関しては、確かに新しい仕事にゼロから挑戦するという意味では、おっくうな面もあるでしょう。でも、ポジティブな面を見れば、新しいスキルを身に付けて新しいネットワークをつくるチャンスだともいえます。

もう1つの3番目の理由である「部下を管理・指導できる自信がない」は、どうでしょうか。仕事でいきなり何十人もの部下を持つことは、あまりないと思います。まずは2～3人や4～5人といった少数のメンバーをまとめて仕事をする機会があり、その後、さらに大きな組織のリーダーになるのが一般的なキャリアの歩み方ではないでしょうか。最初のリーダー経験である、少数メンバーのリーダー職を務める中で、人をまとめる経験は積めると思います。私自身、最初は3～4人のチームをまとめる係長になり、そのときの経験が後になって随分生きました。

人を束ねる仕事は、最初は不安かもしれません。でも、慣れてしまえば、そんなに苦ではなくなります。チャレンジすれば乗り越えられることのほうが多いはずです。

この本の第1章では、日経クロスウーマンが行った調査に基づき、男女合わせて約3000人の現役管理職と管理職経験者に聞いた「これから管理職になる人へ　大事にしてほしい27のこと」を数が多かった順に紹介していきます。興味深いことに、多くの人が同じことを言っているんですね。読むと「確かにそうだよな」と私が同意するものも多くありました。一方で、同意できないものもあったため、これは27のうちに数えず、別コラムで解説します。現役管理職や管理職経験者からのアドバイスに、私からのアドバイスや解説を付け加えます。

なお、参考までに、私がこの27のアドバイスを読んで直観的に優先順位を考え、高いものから順に5つ挙げるとしたら、**1番目が「楽しむ」**、**2番目が「健康第一、プライベートも大切にする」**、**3番目が「部下を育てる」**、**4番目が「感情的にならない」**、**5番目が「部下との対話を重視する」**です。次元の違う話が並んでいますから、厳密に順位付けするのは難しいですが、あえて言うならこの順番になります。

第2章では私の実体験として、ケースを2つ紹介します。また、そこから抽出した、管理職の仕事を進める際のポイント合計17個を順を追って説明します。

最後のまとめでは、第2章までに伝えきれなかった大事な内容を記しました。「私が思う『管理職としてすべき仕事』」も6つ記載します。こうして本書で紹介する管理職のポイントを全部数えると合計50個です。これを初めからすべて身に付ける必要はありません。私も少しずつできるようになっていきました。皆さんも自分に合っていると思う項目を見つけて、時間をかけて、身に付けていってみてください。

さらに、巻末付録として、現役管理職と管理職経験者がアンケートで語った「管理職になる前に知っておきたかったこと、身に付けておきたかったこと」「管理職になってよかったこと」を紹介します。実際の管理職ならではの視点がたくさん見られます。きっとあなたの参考になる情報が見つかるはずです。

管理職とは？

本題に入る前に「管理職」という言葉の意味を考えたいと思います。

管理職の「管理」って、何でしょう。

この問いに対する共通解は存在していないように感じますが、あえてこの本の中では、「管理職」の意味を定義しておきたいと思います。

私たちの日常生活を眺めてみると、「管理」という言葉はほかにどんなところで使われているでしょうか。私がぱっと思い浮かべるのは「アパートの管理人」さんです。では、アパートの管理人という言葉における「管理」のイメージを考えてみましょう。アパートの管理人にとって「いい状態」とは、どんな状態でしょうか。「アパート住人の間で何も騒ぎが起こっていない状態」「みんなが静かに過ごしてくれている状態」ですよね。では、もし会社や組織の管理職が、「アパートの管理人」のようなスタンスで振る舞ったらどうなるでしょう。

管理職が「自分を含め、チームメンバー全員が社内外の人とトラブルを起こさない」「部下が汚職をしない」といった状態をつくることを第一の目標にしたら……。部下一人ひとりの素行に常に気を配り、上からの力で部下を厳しくコントロールしようとするかもしれません。そのやり方では、メンバーがのびのびと実力を発揮するような環境はできませんよね。

私が考える管理職の役割は、**「職場でメンバー一人ひとりが、自分のチームのミッションに従って、能力と意欲を存分に発揮できる環境をつくり、組織の力を最大化すること」**です。これが管理職のすべての行動のベースになります。

本書ではこれから具体的に、管理職の振る舞いや考え方に関する話をしていきますが、すべてにおいて、この考え方が前提になることを覚えておいてください。

第1章

現役管理職・管理職経験者
3000人に聞いた

「これから
管理職になる人へ
大事にしてほしい
27のこと」

現役管理職・管理職経験者3000人に聞いた

「これから管理職になる人へ大事にしてほしい27のこと」

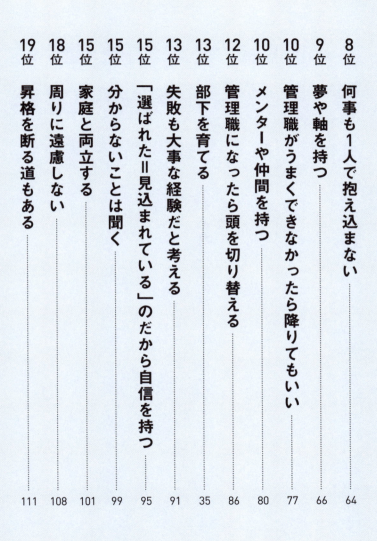

＊日経クロスウーマンが2023年10～11月に実施した「女性のキャリア（働き方）に関するアンケート2023」（回答者のうち、現役管理職または管理職経験者は1768人）と、25年2～3月に実施した「課長経験者（現役の課長も含む）の皆さんへのアンケート」（同1262人）の自由回答欄を分析し、類似のアドバイスの数をカウントしてランキングを作成した。回答者の数は女性が2564人、男性が457人、その他9人、合計3030人（全員が現役管理職または管理職経験者）

1位 自然体で振る舞う

とにかく気負わず（課長、30代、東京都、商社）

自然体のほうがうまくいく（部長、40代、東京都、その他）

あまり構えず、自然体でよい（課長、50代、千葉県、メーカー〈機械・電気機器・精密機器〉）

※コメントのカッコ内は、回答者の属性。現在または過去の職位、年代、居住地、勤務先の業種

本書を作るにあたって実施したアンケートで現役管理職と管理職経験者が回答した「これから初めて管理職になる人へのアドバイス」で、最も多かった回答は「自然体で」という助言でした。

私も、**課長になったからといって、無理に背伸びをする必要は全くない**と思います。私は今でもよく、管理職になったばかりの人から相談を受けます。そんなとき気になるのが、「片山先輩、私も管理職になったので、これから何が必要になるのか教えてください！」と、気合を入れて質問してくる人です。「管理職になったのだからちゃんとしなくては。管理職らしい振る舞いをしなくては……」と気負って、肩ひじを張り、いわゆる「管理職の型」に自分をはめようとしてしまっているように見えます。そういう人を見ると、「管理職といっても一様ではなく、多様なパターンがあるのだから、とにかく自分の個性を生かせばいいのではないかな」と思ってしまいます。

「自然」の反対は「不自然」です。**自然体でいられなくなると、人はどうしてもぎこちなくなって、本来持っている美点や利点を発揮しにくくなる**のです。

かつて、管理職になって、かくあらねばならないと思ってぎこちない振る舞いをしていた上司を間近で見たことがありました。その人はもともと気の小さいタイプでしたが、管理職になって以来、無理に度量が大きい振りをしたり、いつもにこにこ笑顔でいたり……。わざとらしくて見ていて多少痛々しかったです。無理している様子が不自然で、かえって周りからも信頼を失っているように感じました。虚勢を張らず、自分らしく振る舞っていたほうが好感が持てたように思います。

「自然体でいると、成長できないような気がして不安」と思う人もいるかもしれません。でも、管理職のポジションに就いたら、放っておいても毎日いろいろな新しい仕事が降ってきます。中にはこれまで出合ったこともないような困難な仕事もあるかもしれません。それを自分なりにこなしているだけで、十分成長できるはずです。実際、元から「大したものだな」と思う面があったけれど「管理職としては多少頼りないな」と思われていた人が、管理職の経験を積むうちに管理職らしくなっていくケースは多いですし、むしろ、それが普通です。

2位 社内外の人に相談する

相談できる相手を複数持っておくといい（役員、50代、愛知県、メーカー〈機械・電気機器・精密機器〉）

我慢しないで、周囲に相談する（事務所経営弁護士、40代、茨城県、士業）

相談先は社内に限定せず、外部にも持つことをおすすめする（社長、50代、神奈川県、シンクタンク・コンサル）

管理職にとって、何でも相談できる相談相手を社内外に持つことは大切です。管理職の仕事の中には1人で何とか対応できる部分もたくさんあります。でも、少しやっかいな事案や新しい仕事、複雑な案件に向き合うときに、孤立して1人で考えたり決断したりすると、自分には最善だと思われたことが、実は大きくピントがずれている場合もあります。ですから、考えを人にぶつけて反応を見ることが有効です。

丸っきりどこから手を付けたらいいかが分からない場合は「これはどうしたらいいでしょうか」と一から誰かにやり方を聞いてもいいと思います。でも、私はまず自分なりに考えて、さりげなく人に話して相手の反応を見聞きして、「大体これでよさそうだな」と判断したり、「なるほど、そういう問題点もあったんだ」と新たな視点を教わったりしていました。

このように、**人に相談するときは、まず自分で考えて「こうしたい」という考えを持つことが大事**です。そうしなければ、対立する意見を持つ別々の人に相談して、板挟みに遭ってかえって悩んでしまう場合もあるでしょう。

　では、どうやって相談相手を探すかというと、私の場合、仕事以外では、飲み会などの場を活用していました。役所では、同じときに入省した人との同期会や、特定の職場で働いたことのある歴代メンバー、特定の地方自治体で勤務したことのある人の集まりなど、縦横にいろいろな交わりがありました。そんな人たちの集まりに参加し、様々な人と話して、「この人とは馬が合うなぁ」という人とつながるようにしていました。さらには、信頼できる上司とのつながりも持ち続けるようにしました。

　ランチタイムや雑談の場、飲み会などのチャンスを活用して、縦横のつながりを大切にしていると、いろいろな情報が入ってくるようになります。**様々な機会を生かして人間関係をつくっておくことは、仕事をしやすくする素地をつくります。**

　逆に、同僚や後輩などから相談を受けることもあると思います。その人たちもあなたと同じように相談相手を求めているのです。そんなときはできるだけ相談に乗ってあげるのがいいでしょう。人のことまで考える余裕がなくて気が進まないかもしれませんが、普段、自分が相談を持ち掛けている相手だってそんなに暇ではないはずだと考えると、少し気が変わるのではないでしょうか。私の経験では、人の相談に乗って一緒に考えてあげているときに、自分の抱えている案件を処理するうえでのヒントが得られたケースもあったように思います。

社内政治との付き合い方

また、アンケートの回答では、「社内政治を毛嫌いせず、仕事の一つとして認識すること」という助言もありました。「社内政治は邪道。気にせず、思ったことを正々堂々とやったほうがいい」というアドバイスもあるかもしれません。組織内のドンやボス、独裁者の言うことに従っていると、ガバナンスの効かない組織ができあがってしまいますしね。その辺りの兼ね合いは、正直、難しいところです。

とはいえ、社内政治は、自分のやりたい仕事を実現するための社内調整ですから、管理職にとって大切なスキルでもあります。ですから**社内の権力構造は、ある程度、頭に入れ**

ておくことが必要でしょう。それが不公正な場合も多いですから、少しでも公正な方向に持っていくにはどうしたらいいか、自分や部下が不公正の犠牲にならないためにはどうしたらいいかを考えることも大事です。不公正に迎合したら、組織が腐ってしまいますからね。

注意して組織内を見ていれば、事訳《ことわけ》の分かった人は見つかります。実は私も、自治省で働いていたとき、正論を言い続けたために孤立してしまった時期があるのです。でも上司や先輩の中に、私のことをよく理解して、志を同じくする人がいました。そういう人のもとに行って、「こんなことを言われちゃったんですよね」と相談すると、「そうか。分かった。私がなんとかしてあげるよ」と助けてもらえることもありました。そういう人を見つけておくことは大事です。

3位 自分らしいリーダーシップスタイルを模索する

「残業をバリバリしなければいけない」「強いリーダーシップを発揮しなければいけない」という管理職のイメージに惑わされる必要はない（課長、50代、東京都、運輸）

ほかの管理職と同じカラーでなくていい（課長職経験者、40代、東京都、証券）

強いリーダーを目指さなくていい（課長、50代、岐阜県、メーカー〈自動車・輸送用機器〉）

初めて課長になっていきなり「自分らしいリーダーシップを」と言われても、どうしたらいいか分からないかもしれません。でも、安心してください。**あなたの中には既にいくつかの「リーダーシップモデル」が存在しているはず**です。課長になるのは初めてでも、これまで何人もの上司を見て、「上司の間接体験」をしてきていますから、全く初めてのことではないのです。

考えてもみてください。仕事を始めて以来、何人もの上司に会ってきたと思います。直属の上司、間接的な上司、社外の上司、いろいろな場面で様々なタイプの上司を見てきたのではないでしょうか。中には「あまりいい上司じゃなかったな」という人も、「この人はいい上司だったな」という人もいたはずです。まずは、**「いい上司」のことを思い起こしてみてください。**その人がどんなことをしていたか、どんな振る舞いをしていたかを思い出して、いいところを少しずつ自分に取り入れてみてください。

「悪い上司」もとても大事な存在です。反面教師として、どんなことをすれば悪い上司になるのかをあなたに教えてくれていたのですから。悪い上司の下で働いたことがあれば、当時を思い出し、あなたがどんな嫌な思いをしたかを思い起こしてみてください。あんなこと、そんなこと、いろいろありましたね。そして、そんな振る舞いを自分の部下には絶対にしないようにしようと考えればいいのです。「他人のふり見て、わがふり直せ」とも言いますが、私も役人時代にはいろいろな上司に会いました。今でいう、パワハラ上司など、「こういう人にはなりたくないよな」という人もいて、「自分がこの人のポジションになったら、部下には決してこういうことを言わないようにしよう」という思いを心の中に蓄積していました。

型にはめたリーダーシップをイメージして、その通りのリーダーを目指そうとする人は多いです。でも、そんな必要はありません。例えば、私のチームで、初めて女性が管理職になったことがありました。最初、その女性は、従来、男性の管理職がやってきたことを、自分も同じようにやらなくてはいけないと考えて、私にこう聞いてきました。「私も男性の管理職の人たちと同じように、毎晩飲み会に参加したり、休日にゴルフをしたりしなければいけないのでしょうか」と。私は「もちろん**従来の管理職像にこだわる必要は全くない。**別の新しい管理職像をつくることのほうがずっと大事だ」と伝えました。

参考までに、私のリーダーシップスタイルをお伝えすると、**部下に必要なことだけを伝えて、あとはのびのびやってもらう。その成果をマネジャーとしてまとめる**というものでした。その都度細かく指示するといった、いわゆるマイクロマネジメントはやりませんでした。部下に仕事を任せた後は適宜報告を聞いて「ずれているな」と思えば軌道修正をしました。課のミッションをしっかり共有しておけば、多少自由にしてもうまくいきます。この「ミッション」という言葉については66～76ページでまたお話しますね。

私のリーダーシップスタイルが正しいわけでも、すべての人に合っているわけでもありません。**自分らしいリーダーシップスタイルを時間をかけて探していってください。**

4位 部下との対話を重視する

部下と面談を実施したほうがいい。考え方や会社の意図が伝わっているか、方向性が同じかなどを確認しておくことをおすすめする（社長、60代、海外、メーカー〈電子部品〉）

部下の話をよく聞く、傾聴の姿勢が大事（執行役員、50代、東京都、非営利団体）

多くの社員に自分から声を掛ける（課長、40代、海外、ホテル・旅行・外食）

現役管理職・管理職経験者3000人に聞いた

管理職になる人へのアドバイス

関連性が深いので、ここで一緒に解説！

5位 部下に頼り、任せる

「自分がパーフェクトにこなさないといけない」と思い込まない。部下に頼って解決することも必要（課長、40代、神奈川県、メーカー〈機械・電気機器・精密機器〉）

部下に任せる（執行役員経験者、50代、兵庫県、メーカー〈繊維・アパレル〉）

自身が手を動かすより、メンバーに手を動かしてもらったほうが、短時間で結果を出せる（課長、50代、京都府、教育）

関連性が深いので、ここで一緒に解説！

13位 部下を育てる

管理職は人を育てられてこそ価値がある（課長、50代、東京都、メーカー〈鉄鋼・非鉄金属〉）

部下のwant toを引き出し、会社目標との共通点を見つけてそれに沿うことで、自律的な成長を促すほうが、指示や指導をするよりも効果的である（社長経験者、40代、石川県、接客・サービス）

部下の育成やフォローが大事（役員、60代、愛知県、IT・情報・通信）

一般的に言って、働いているとき、人の関心はまず自分に向くものです。「自分をどう高めるか」「目の前の仕事をこなすにはどうしたらいいか」と考えます。次に考えるのは仕事の発注主である上司のこと。「上司は何を考えているのだろうか」「上司が出した指示や命令の意味を咀嚼《そしゃく》しなくては」と思いながら仕事をしているはずです。同僚はある意味、ライバルでもありますから、そういう意味での関心はあっても、管理職になる前までは、基本的に仕事における当面の関心を、自分と上司に向けてきたはずです。

しかし**課長になったら、部下一人ひとりに関心を持つ必要があります。「部下との対話を重視する」は「27のこと」のうち、私が個人的に5番目に大切だと思う項目**です。組織の力を遺憾なく発揮するためには、部下一人ひとりのことをできるだけ掌握しておいたほうがいいんです。これを実践すれば、組織力をグンと増強できるでしょう。野球チームの監督が選手一人ひとりの状況を把握するのと同じイメージです。「この部下はどういうキャリアを積んできたのか」「家庭で難題を抱えているのか、いないのか」「何が得意で何が不得手なのか」「何をやりたいと考えているのか」などに興味を持つこと。根掘り葉掘り、部下に直接聞くのではなく、何となく様子を見て、日常の会話から情報をさりげなくキャッチするのがいいでしょう。すると、おのずと「この人にはこういう仕事が向いているんだな」と分かってくるはずです。

仕事の得意、不得意は、日頃、仕事を任せてみると分かります。「この人は英語が苦手だな」「知らない人を相手にしたコミュニケーションを取るのが上手だな」などです。そして、できるだけその部下が好きなことや、得意なことを任せるようにするのです。とはいっても、少人数の部署なら、苦手な仕事をやってもらわなければいけないこともあります。そんなときは苦手なことも部下にとっておっくうでなくなるように、トレーニングの機会を積んでもらいましょう。

中には部下一人ひとりに注目せず、チーム全体に対して「ああしろ、こうしろ」と大きな指示を出す上司もいますが、私はそれより**部下一人ひとりに着目して、それぞれに合った、カスタマイズした指導ができるようにしたほうがいい**と思います。それができるようになれば、管理職として成功するでしょう。

そして、**私が「27のこと」のうち、3番目に重要だと思うものが「部下を育てる」**です。組織はゴーイング・コンサーンとも言われ、ずっと続くものです。管理職は今所属する組織を自分なりに改善しようとします。そして、改善した、もしくは、改善しようとしている組織は、次の代に受け継ぐ必要があります。だからこそ、後輩や部下をしっかり育てることが、組織人、特に管理職にとって大切な務めなんです。

ともすると自分だけが目立って高く評価されて、後は野となれ山となれ……というスタンスの管理職もいないわけではありませんが、それでは組織人として失格だと思います。特定のリーダーがライバルになりそうな人をみんな蹴落とし、長い間、権力を持ち続ける組織は、どれもだめになっています。これはビジネスでも政治でも実際に起きていることです。これを反面教師とするならば、「この人は伸びそうだ」と思う部下がいたらどんどん伸ばしたほうがいいです。「背中を押してあげよう」「いいチャンスを与えよう」とね。そして、そういう部下を1人ではなく、何人も見つけて伸ばし、層を厚くすることが重要です。人材が育ったら「よかった」と喜び、自分の手柄だと思ってください。

巻末付録②に「前の上司の好き、嫌いで低く評価されていた若手が自分のもとに集まってきて、いきいきと働いてくれているのがうれしい」というコメントがあり、私はこれに深く共感します。自分がいい手本となるような働き方をし、それを部下に見てもらったうえで、部下が潜在的に持っていた能力を発揮できるようになったら、まさに自分が指導者として力を出したことになります。それが人にどう評価されるかは別として、自分として、とても納得感のある経験になるはずです。実際、私もそういう経験を何度もしました。部下が成長して伸びていくのを見るのは、本当にうれしいことです。

自分以外の上司に「力がない」という評価を下されたメンバーが自分のチームに配属されてきたときは、過去の評価を気にする必要は全くありません。人間は感情の動物であり、人によって見方が違うんです。ある人がその部下にばってんを付けたからといって、絶対評価ではありません。何か評価をゆがめる要因があったかもしれないのです。人の評価は多面的に行うべきであって、その意味でも人事異動は重要です。1人の人が長いこと人事権を持つことで、ずっとうだつが上がらずに苦しむ人が出てしまう可能性はあります。人事異動は、うずもれている人材を発掘する機会でもあり、組織にとって貴重です。

部下一人ひとりを理解する

どんな部下でもいつもやる気満々で仕事をしてくれるわけではありません。時には「この仕事は自分に向いていない」など、後ろ向きの反応を示す部下もいるでしょう。もしそんなことがあったら、その部下の資質や属性に合わせて「こうやればうまくいくのでは？」と助言して、道を付けてあげてください。それでも、どうしてもだめな場合は、次の人事異動のタイミングで人員配置を変えてもらう選択肢もあります。そうした判断をするのも、組織を動かす管理職の務めです。

ときどきは、管理職に食ってかかってくる部下もいるかもしれません。私も「そんなに難題ばかり押し付けられても困りますよ」と部下に言われたことがあります。でも、言い返さずに、「ごめん、ごめん。仕事ができる人にどうしても仕事を押し付けることになっちゃうんだよね」と返答しました。その結果、「課長は自分を評価してくれているんだ」とかえって喜ばれたようでした。

忙しくなってくると、つい手際よく処理してくれる有能な人のところに仕事を集めてしまいがちですよね。どうしても特定の人のもとに仕事が集まってしまう場合は、仕事をほかの人に回すようにしたり、それでも無理であれば、有能な人をそのときだけチームリーダー的な位置づけにして、サブのメンバーをその人の下につけるというやり方を取るのも有効です。

部下は大抵優秀です。私の場合も、「仕事がゆっくりだな」「資料をもう少しうまく作ってくれるといいな」など多少の不満はありましたが、箸にも棒にも掛からない人はいませんでした。**とにかく部下を信頼して、仕事を任せてください。**

部下がトラブルを起こしたら

部下が第三者を怒らせたために、上司として相手に説明に行くこともあるでしょう。部下がトラブルを起こしたとしても、部下は「失敗しよう」と思ってやったわけではなく、

大抵は一生懸命仕事をした結果だということを肝に銘じておきましょう。

部下が何かトラブルを起こしたとき、管理職は**フェアな物差しを失わない**ことが大事です。例えば役所でよく起きたトラブルは、部下職員が議員のもとに何か話を持っていき、何かのきっかけで議員を怒らせてしまうケースでした。そういうときに上司である自分が、議員にうるさく言われるのを嫌がって、議員の言い分は「ご無理ごもっとも」で聞き、部下には「君が悪かったのだ」「言いたいことはあるだろうが、ここは我慢しておけ」と言ってしまう場合があります。もちろんこれはフェアではなく、こうしたやり方では部下のやる気を削ぎます。

こういうとき、上司としてはとにかくフェアな目で見て、議員が悪かったら、議員を諭すことも必要です。例えば委員会の場など別の場で、その議員から自分が嫌味を言われたりする可能性はあります。でも、その都度対抗すればいいのです。難癖を付けられたら、「そんなことをおっしゃいますが……」ときちっと反論する。議員の中には「私の言うことを聞かなければ、この条例案を議会で通さんぞ」と言ってくる人もいました。私の場合、そう言われたら「どうしても賛成できないのなら、どうぞ反対してください」と言っていました。１人が反対してもへのつっぱりにもなりません。単なる強がりです。役所をケースに話しましたが、民間企業でも同じようなことは起こり得ます。**上司が対応を面倒くさがって、部下に泣き寝入りを強いてはいけません。**フェアな物差しで、正しく振る舞えるようにしてください。

部下を怒る必要はない

上司だからといって、部下を怒る必要はないと思います。何かあっても普通に言えばいいと思うんです。例えば「これはちょっと違うと思うよ」「こういうふうにしたほうがいいんじゃないの？」という感じです。事を荒立てる必要はなく、静かに指導や助言をすれば済みます。私は部下に対して、がみがみ怒った記憶はありません。部下が悪意や敵意を持って臨んできたら、こちらもそういう構えになるかもしれませんが、そんな人はほとんどいないのでは、と思います。

もし部下がポカミスをしてしまったら、**その部下に1対1で向き合って注意するだけで十分。みんなの前で叱る必要はありません。**「今、これでちょっとトラブルになっているんだけど、次から気を付けてね」「これからはこういうことがないようにしてね」と言えば、部下も「分かりました」と言って、大体のことは済むでしょう。

上司にとって大事なのは、いかに部下に気持ちよく働いてもらうか、です。生産性を向上させるには、それしかありません。誰だって「気持ちが乗らないな」「仕事をするのは嫌だな」と思うときには、仕事がはかどらないものですよね。それよりも楽しい雰囲気の中で、みんなにのびのび仕事をしてもらったほうが、絶対生産性は上がります。管理職としては、そうした状況をつくるにはどうすればいいかを、常に頭の中心に置いておく必要があるのです。

ポカミスをした部下をみんなの前でがみがみ怒ったら、それだけで課がシーンとして、雰囲気が沈滞してしまいます。それを見た部下たちはいろいろなことを考えるでしょう。「自分が課長に叱られないようにするにはどうすればいいんだろう」「あの人は落ち込んでいるだろうな」「かわいそうだな」と、不安が募るはずです。感情に任せて怒鳴ってしまったら、管理職自身も気分が悪くなりますし、課の士気を下げるきっかけになります。

ある部下がしたミスと同じようなミスを、ほかの部下がしないように、チーム内でミスの内容を共有する必要はあります。でも、そのときに伝え方を間違えると「あの人がミスをしたから、みんなは気を付けるように」と、あたかもミスした部下を批判しているように聞こえてしまうかもしれません。誰がミスをしたかを公表する必要はありませんから、個人が特定されないような言い方をしたり、いくつかの別の不祥事やミスをリストアップして1度にまとめて通達したりと、工夫したほうがいいと思います。ミスをした部下をかばう意味合いもありますが、こういうときの伝え方一つで組織を沈滞させる可能性があるので、それを避ける必要があるのです。**職場には沈滞ムードをできるだけつくらないほうがいい。**これは覚えておいてほしいことです。

部下の困り事を察知する

困り事があったときに、部下が管理職に相談に来られる環境をつくることが重要です。「1人で悩まないで、困り事があったら遠慮なく相談してね」と常に伝えておいたほうがいいです。部下の悩み事を放置すると、大きなトラブルに発展することがあります。事前に相談してもらえたら、助言して解決することもできるでしょう。

課長があまりに忙しそうにしていると、部下は相談しにくくなりますから、課長は忙しそうにしたらいけません。てきぱき仕事をすれば、1日のうち、部下の相談に乗る時間はつくれます。むしろ「必ずそういう時間をつくる」と決めて、実践できるように工夫してください。

私が知事のときは、毎日、なんやかんやと用事があって外出していました。でも、出張の日以外は、必ず夕方4時30分ぐらいには県庁に戻り、30分くらいは秘書の皆さんから相談を受ける時間を持っていました。すると「こんなことがありました」「こんなクレームが来ました」と相談してもらえました。

課長時代も、心して、ぼーっとしている時間をつくっていました。「30分くらい時間があるけど、何かあったら教えて」とみんなに声を掛けることもありました。こういう時間をつくるためにも、自分の無駄な仕事は省き、部下の無駄な仕事も省いてあげることが大事です。

中には「部下の困り事を解決してあげたくても、家族のことなど、あまりプライベートなことまで聞くのは気が引ける」と相談されることもあります。でも、**管理職の役割は、部下が遺憾なく能力と意欲を発揮できる職場をつくること**です。部下が家庭に関する悩みや憂いを抱えていたら、上司として気になります。

部下の困り事をなくすためにも、部下の家庭状況は、ある程度把握する必要があります。例えば保育所のお迎え時間がある社員に、夕方以降に相談事はしないほうがいいですよね。また、介護が大変で、職場でつい居眠りをしてしまう部下がいたら、能力を十分発揮しているとは言えません。そういう場合は、部下がどうすれば介護と仕事をうまく両立できるかを一緒に考えたほうがいいでしょう。介護が必要な家族がいたら施設に入ってもらったり、社員に介護休暇を取得してもらい、一段落したらまた復帰してもらったりしたほうがいいかもしれません。

部下が仕事に集中できる環境を整備するのは、管理職の務めです。家庭のことを根掘り葉掘り聞いて心配してあげるという意味ではなく、ちょっとドライですが、「職場で仕事に集中してもらうためには、どういう問題を解決し、どう解決をサポートするのが得策か」を考えるのです。

ただ、中には家庭状況を詳しく聞かれるのを嫌がる人もいますから、多面的な方法で情報を得る必要があります。会社によっては、社員の困り事や悩みを紙に書いて人事に提出する仕組みを設けているところもあるでしょう。鳥取県庁には「身上申告書《しんじょう》」というものがあって、職員の皆さんに、毎年、家庭状況を書いてもらっていました。管理職はそれを見て人事と相談したり、一人ひとり面談をして、必要な配慮をしたりしていました。税務署にもこうした仕組みがありましたね。

秋田県の能代税務署長だったときには、ある職員が「子どもが東京の大学に進学するので、できれば東京に近い職場に変えてもらいたい」と希望していたので、一番東京に近かった、福島県のいわき税務署に異動してもらったこともあります。

個人面談で話す内容も重要です。業績目標を掲げて、「来期はここを頑張ろう」といった話に終始することが多いですが、**本当はもっと部下の家庭環境などのベーシックな部分を聞いたほうがいい**んです。その部下の業績が上がらない背景に「介護で忙しい」という理由があるかもしれません。もしそうだったら、そのもととなる原因を解決してあげなければ、いつまでも業績は向上しないでしょう。

私の場合、飲み会の場でぽろっと話してくれる部下もいましたね。「最近ご家族は元気？」「妻がちょっと体調悪くて」とか、「お子さん、そろそろ受験じゃないの？」「そうなんですよ」と。こんなふうに**常日頃から目配りして、タイミングを見つけてさらっと声を**

掛けるといいと思います。

年上の部下は特にリスペクトを

チームに年上の部下がいるケースもあるでしょう。

私が27歳で管理職になって30人以上の部下を束ねたとき、私より年下の人は組織に1人だけ。一番年上の部下は定年間際の59歳でした。最初はやはり「年下の自分が年上の部下にいろいろ仕事をお願いするのは失礼かな」とも思いました。でも、お互いに組織的な役割を果たすためには仕方ないと、徐々に覚悟が決まりました。

部下に向き合うときに**一番大事なのは、相手へのリスペクト（敬意）を失わないこと。**細かいことかもしれませんが、私は年齢が上でも下でも、部下は全員苗字に「さん」付け、もしくは「○○係長」などと職位を付けて呼んでいました。上司になった途端に、年上の部下でも君を付けて呼ぶ人がいますが、それでは部下へのリスペクトは伝わりませんよね。呼び方に気を使うのは、ぎすぎすした感じを生まないための必要条件だと思います。

また、年上の部下は人生経験が豊富なので、常に「この人から学ぶことがあるはずだ」という態度で接するといいと思います。仕事をしながらちょっと言葉を交わすときに、「今までどんな仕事をしてきたのですか」「そのときどのようなことが一番大変でしたか」など、いろいろな話を聞くと、参考になる話をたくさん聞けるでしょう。部下側にも「自分に関心を持ってくれている」ということが伝わります。

また、逆に、**とても年の離れた年下の部下がいる場合は、子ども扱いはしないことが大切**です。こちらの趣味を押し付けたりはせず、よく話を聞く。どんなことに関心を持っているのかを聞き出して、相手を知ることが大事だと思います。

5位 楽しむ

思っているよりも楽しいことや面白いこともある。案ずるより産むが易し。チャンスがあれば、まずはやってみることをおすすめする（部長職、50代、東京都、保険）

管理職になると、また違った景色が見えて楽しい（課長、30代、神奈川県、銀行）

管理職は裁量が増えるので、働く時間をコントロールしやすい。管理職のほうが仕事が楽しい（課長、40代、神奈川県、リース）

「27のこと」の中で私が1番大事だと思っているのが、「楽しむ」です。「嫌だ」と思ったら、仕事をするのがおっくうになりますよね。仕事をするのが楽しくなれば、問題はほとんどなくなるんです。毎朝目覚めたら「今日はこれをしてやろう」と思い、仕事で成果を出したら「できた。よかったなぁ」と思うわけですから。課題を解決することが楽しく、達成感を持てます。冒険心やチャレンジ精神は、もとから人に備わっているものです。それらと仕事がうまくかみ合って、やっかいな仕事でも「どうやれば攻略できるかな」と考えられるようになれば楽しいですよね。

考えてみれば、旅行だって、山登りだって結構大変です。でも、プランをうまく設計すれば、少々体力は必要ですが乗り切れます。計画を立てているときも、実際に行っているときも、終わってからも楽しいですよね。仕事の空間や時間帯も、そういう位置付けをすれば楽しいものになるというわけです。

この**「事前に考える」「計画を立てて物事を進める」という考え方が、仕事を楽しむためにはとても大切**です。仕事における不安は、「何が起きるかが分からない」「どういう難題が降りかかってくるかが分からない」という不透明さが背景にある場合が多いです。その不安をできるだけ可視化し、減らすことが有効です。これを計画性ともいいます。

例えば、目の前の仕事を行う際に不安があるなら、仕事の手順や、進めるうえでぶつかりそうな課題などを紙に書き出してみたらいいんです。すると大体全体像が見えてきます。想定される交渉相手や登場人物を書き出しながら、「この問題はあの人が得意だから、あの人に相談してみよう」「この人が文句を言ってきそうだけれども、無視しても大丈夫」などと書いていく。私は書類の裏紙などにメモしていましたね。書くうちに「私にとって一番難しいのはこの問題だな」「自分に必要だけれど不足している知識や経験はこれだ」といった課題も分かってきます。その後は、本を読んだり、人に話を聞いたりしながら、その問題の解決に集中的に取り組めばいいのです。

ルーティーンワークをするときはこの作業は必要なく、新しいプロジェクトに取り掛かるときや、例えば役所なら法律改正など、毎年起きる重要な仕事に仕掛かるときなどにこの方法を実践するイメージです。私の場合、働き始めて何年かするうちにこの習慣が自然と身に付きましたね。

私は現役の管理職時代も、朝に「今日も仕事か。起きるのが嫌だな」と思ったことは一度もないんです。起きるときに布団の中で「今日はあの仕事をこうやろう」「これをやろう」とイメージすると、不思議なことにその瞬間、仕事の手順やヒントが湧いてきたりします。ちなみに前日の夜には翌日にやることを頭の中で整理したり、紙に書いたりしています。

管理職の楽しさとは？

管理職の楽しさは主に3つあると思います。1つ目は、1人では成し遂げられない大規模の仕事を組織やチームで実現できること。2つ目は、仕事のやり方を変えたり、不要な仕事をやめたりと、働き方を自分で改革できること。3つ目は、部下の能力と意欲を遺憾なく発揮してもらって、チームのミッションを実現できることです。

また私は、今与えられている仕事を**「自分なりに楽しくやろう」と考える**こともとても大事だと思っています。苦痛に思いながら、嫌々やっていると何事もおもしろくないですよね。どんな仕事でも、どうせ一定期間やらなければいけないのだから、だったら楽しくやろう。楽しくやるにはどうしたらいいかな……と考える。すると「無駄な仕事はやめよう」「こう工夫してみたらどうだろう」「今までとは違うやり方があるんじゃないか」とアイデアが浮かんで楽しくなってくるんですよ。そんなふうに楽しく仕事をしている姿を後輩が見て、「片山さんの後に、あの仕事をやってみたいな」と思ってくれたらうれしいな、と思いながら仕事をしていました。

自治省に勤めていたとき、転勤の内示を受けた後で、事情により転勤のタイミングが延期され、期限付きで、それまで役所の中で光の当たっていなかった閑職に就いたことがあります。閑職で、まして待機でしたから何もしなくてもよかったのですが、それも面白くないので、海外との交流事業を仕立てるなどして楽しいポストに変えました。その時点からはそこはもう閑職でも待機場所でもなくなり、しっかり光の当たるポストになりました。私の後を後輩が喜んで継いでくれて、とてもうれしかったですね。

7位 健康第一、プライベートも大切にする

仕事は大切だが、プライベートや趣味の時間を持つことを相当意識してほしい。後輩たちにも常にそう伝えている（課長経験者、40代、東京都、人材派遣紹介）

自分も部下も健康第一（役員、50代、東京都、IT・情報・通信）

周りを頼って、自分の健康を優先させた働き方をすることをおすすめする（課長、40代、神奈川県、福祉・介護）

「健康第一」は「27のこと」の中で、私が2番目に大切だと考えている項目です。健康でなければ気分が晴れません。できるだけいい仕事をして、生活も楽しもうと思ったら、健康は必須です。

管理職だからといって「力尽きるまで働かなければいけない」というのはだめです。私が過去にそばで一緒に働いた、有名な政治家にはそういう人がいました。大変な事態が起きたときに職場に寝泊まりして家族の元に帰らなかったんです。その人の目が日を追うごとにぎらぎらしてきてね。「今のままだと体を壊しますよ。リーダーは頑丈でなければいけないですから、早く家に帰ってください」と、周りに進言してもらって家に帰しました。

リーダーだからといって必要以上に自分を追い込んではいけないんです。部下がいたたまれなくなりますから。リーダーは常に心身ともに健康で、精神的にも時間的にも余裕がないといけません。徹夜同然でふらふらなリーダーに、部下は相談しにくいですよ。

睡眠や食事はちゃんと取ること。特に知事時代、私は健康を第一とし、夜更かしは一切しませんでした。毎朝6時頃に家を出て、近くの小高い山に登り、ウォーキングをかねて往復1時間程度歩いていました。同じように歩いている人もいたので、朝のあいさつをして言葉を交わしてね。汗を流して朝からリフレッシュして職場に向かいました。**管理職だからこそ、健康第一**です。

今も1日1万歩を目標に歩いていて、大抵クリアしています。野菜を多く摂り、食品添加物が入っているものは避ける。ケーキなどの甘い物が大好きですが、糖質を多く取りすぎないように節制する。お酒も昔はずい分飲んでいた時期もありましたが、最近は飲まない、もしくは少量にする……など、食生活にも気を付けています。夜更かしもしません。

できるだけ残業しない

不要な残業は積極的にやめましょう。私はできるだけ自分も残業せず、部下の残業も減らすようにしました。自治省で課長を務めていたとき、従来はみんな「国会待機」というのをやっていました。翌日の国会で、国会議員から自分が担当する分野に関して質問される場合に、大臣や局長の答弁書を事前に作らなくてはいけないんです。だから、議員からの質問が届くまで待機するのです。でも、夜中まで待っても、結局、質問が来ないことがよくありました。いわゆる「空振り」です。日によって帰る時間は違いますが、待機した結果、職場を出るのが夜11時、12時になるのはざらでした。

これは本当に無駄でした。でも、空振りを避けることは可能だったんです。質問する予定の議員リストが、前日に発表されるので、それを見て勘を働かせれば「今夜は待機する必要はなさそうだ」と分かります。

ですから、私が課長になってから、待機の必要がなさそうな日は、連絡要員を1人だけ残して、「みんな解散」と言って自分も帰宅するようにしました。「万が一、質問が飛んで来たら自分のところに連絡をしてほしい。私が答弁書を書くから」と言ってね。もちろん連絡要員は当番制にしました。こうして無意味な国会待機をなくしましたが、その後、いきなり質問が飛んできて困ったことは一度もありませんでした。周りの部署はみんな変わらず残っていましたけれどね。

残業しないようにすると、やはり自分も部下も楽になりますよ。多少リスクはありましたが、そうやってリスクを取ってでも、やったかいはありました。

遅くまで職場にいると、翌日の仕事がはかどりません。早く家に帰って、早く寝たほうが翌日の生産性は圧倒的に上がります。本当に忙しいのであれば、朝早く出社すればいいのです。これについては125～128ページで改めて触れます。

ちなみに、人間ドックには行きません。これだけ長い間生きていると、自分の健康状態は大体分かります。病院にもあまり行きません。風邪を引いても「数日で治るな」と経験則で分かりますから。

悩んだって、なるようにしかならない

正直に言うと、私にとって最後の管理職的な仕事だった知事を辞め、慶應義塾大学の教授になったときはほっとしました。「これからは自分のことに専念すればいい」と感じましてね。管理職の仕事は、それなりに大変だったんだと、そのときに初めて理解しました。しかし、だからといって管理職時代を振り返って「嫌だった」「やらないほうがよかった」という思いは一切ありません。私にとって、かけがえのない充実した日々でした。

管理職時代の私の心の中はこんな感じでした。鳥取県知事のときは、台風が鳥取県地方に来ることが分かると、「梨の木が折れたりしないかな」「農家の被害はないかな」「道路が洪水で流されて交通を遮断しないか」……といった心配が膨らみました。救急車や消防車のサイレンが聞こえると、夜中でも「どこで何があったんだろう」と咄嗟《とっさ》に考えました。一般の管理職と知事の仕事では、性質がやや違うところもあるかもしれませんが、例えば海運会社の管理職だったら、中東で紛争が起きたら「うちの船は大丈夫だろうか」と、気が気じゃないと思います。こんなふうに会社の経営者や幹部、管理職たちは、会社や組織、

顧客などのことを常に考えているはずなんです。

しかし、実際に管理職の仕事をしていたときに、それが重荷に思えたり、緊張感に押しつぶされたりするといったことは一切ありませんでした。肩こりに悩んだこともありませんん。くよくよしたり悩んだりすると悪循環になりますから。「悩んだって、なるようにしかならない」と、私はいつも思っています。自分がベストを尽くせば、なるものはなるし、ベストを尽くしても実現できないことはしょうがない、と。「こうしたら、ああなるだろうか」と、一応考えはしますが、悩んで夜眠れなくなるといった経験はありません。

緊張感やストレスをなくすには、自分1人でできる趣味を持つことをお勧めします。自宅で考え事をしていて行き詰まったときなど、1人でできる趣味があると、それが気分転換のきっかけになります。私の趣味の1つは切手です。以前は切手をどんどん収集し、それを眺めるのが楽しみでしたが、今は「集めた切手をどうやって使うか」「楽器をモチーフにした切手は音楽好きのあの人宛ての手紙に貼ろうか」などと考えていると、ウキウキしてきます。少々のストレスなら、これだけですっきりします。

8位
何事も1人で抱え込まない

家族や部下、同僚など人の力を借りて仕事をする。1人で仕事をしない（課長、50代、神奈川県、福祉・介護）

責任を自分で背負いこまないこと。上司、同僚、部下を巻き込む（役員、40代、京都府、メーカー〈医薬品〉）

偉くなったと思わず、周りを巻き込む力を備えること（役員、60代、沖縄県、教育）

管理職の仕事をしていると、どうしても自分1人では処理しにくい困り事が発生したり、それによって仕事が渋滞してしまったりすることがあります。そういうときは**上司や信頼できる部下に相談して共有するのがいい**です。上司からすると、部下が1人で困っていることを知らず、あるとき突然取引先からクレームが入るなど、何かトラブルが起きるほうが困ります。

ただ、上司の中には相談を受けることが好きな人もいれば、「そんなに細かいことをいちいち持ってくるな」と嫌がる人もいます。それは自分と上司の間柄を見ながら、うまく状況に適用する必要があります。

私の場合、基本的には自分で処理し、処理しきれないことは上司に相談するようにしていました。上司から「分かった。私が処理しよう」と言ってもらえればありがたいですが、「分かった。だがやはり、君が自分で処理してくれ」と言われることもあります。そうしたら「分かりました。やってみて、またご相談します」と返して再度自分で対処するように努め、課題にぶつかったらまた相談に行きました。

9位 夢や軸を持つ

自分なりの「お客さんにどうなってもらいたい」「このサービスが何を目指すのか」という像を持ち、サービスの進化について夢を語れるとよい。夢だけでは事業を牽引できないが、メンバーからすると夢のない人に共感し、付いていくのは難しい（課長、30代、神奈川県、教育）

課長職以上の仕事の大半は判断業務。そのためには自分自身の判断基準の軸をぶらさないことが重要（社長、50代、東京都、ホテル・旅行・外食）

人は、好きで尊敬する人の言うことは聞ける。上司は部下から自分の生き方を問われることがある。人として尊敬される生き方を考えてみたほうがいい（課長職経験者、60代、兵庫県、教育）

皆さんには「夢」や「軸」はありますか？

私の軸は「フェアであること」。特に行政や政治の世界にいたこともあって、「アンフェアなこと」「理不尽なこと」があれば正していきたい、という思いが自分の軸としてありました。例えば、税金の無駄使いはアンフェアなことですからなくしていきたい、とかね。たぶんそういう私の思いを、部下の皆さんも分かってくれていたと思います。

管理職がこのような**軸を持っていると、部下や周りの人たちにも伝わって、仕事の指針にできる**と思います。私の場合、自分が大事だと思うことは、言葉の端々で出していましたしね。例えば部下が決裁を仰ぐために、私のところに資料を持ってきたときに「これって不公正じゃないの？」「1つの業者のためだけの決定じゃないの？」なんて議論していましたから。

ただ、それまで夢や軸を持っていなかった人が、管理職になったからといって、いきなり夢や軸を持とうとする必要はありません。もとから夢や軸がある人は、それを持ち続ければいいのであって、あくまで自然体でいいんです。

管理職にとって「部下に対して公平でなければいけない」「えこひいきしてはいけない」というのは、重要な資質の1つですよね。もしあなたが自分で「そうだよな」と思ったら「自分は『公平』を大切にしよう」と決めればいいのであって、それを誰かに吹聴する必要はありません。

「ミッション」という軸

さらに、もう1つ、私がとても大事にしている軸があります。それは「ミッション」です。皆さんにはミッションがありますか？　ミッションという言葉を、私は**「一番大事な使命」「大義」という意味**だと理解しています。

例えば、あなたが次のように聞かれたら、何と答えますか？

「あなたは誰のために仕事をしていますか」
「あなたの仕事における、一番大事なステークホルダーは誰ですか」
「あなたが所属している組織は、何の目的のために存在していますか」
「あなたが所属している組織についている予算は、誰のために使うものですか」

具体例を考えてみましょう。例えば、国の役所で働く人たちが誰のために仕事をするかというと「国民のため」に決まっています。でも、これを「自分たちの組織のため」「声の大きな国会議員のため」などと勘違いしている人が結構いるんですね。

私は役所で管理職を務めていたころ、**「私たちの組織は、誰のために、何のために仕事をしていくのか」と、部下たちと話し合う**ようにしていました。自分の考えは押し付けず、一緒に話し合って考えるように注意しました。最初、部下がうまく答えられなかったり、明後日の方向の話をしたりしても、諦めず丁寧に対話をする。そして、紆余曲折の末に「こうだよね」というところまで共にたどり着く。このプロセスも大事にしていました。もちろん部下と対話しながら、私のほうが自分のミッションを修正することもあります。

こんなふうに**思考の過程を一緒にたどる**ことで、自分も部下も主体的に考えて結論に達しますから、そこからは間違うことがありません。**その後は部下に任せても、ミッションから外れずに仕事をしてくれます。**これが管理職の仕事を楽にする方法です。

つまり、**最初が肝心。**最初にチームで共有したミッションが間違っていると、部下はとんでもない方向に向かって頑張ってしまい、後始末が大変になることもあります。そうなってしまったら、マイクロマネジメントをしなければ、取り返しがつかなくなってしまう場合もあります。

例えば私が県知事になったとき、初めに土木部の部長と次長、主要課長を集めて「あなた方のミッションは何ですか?」と聞きました。すると最初は皆さん**「私たちの部署のミッションは、公共事業の補助金を国からもらってきて、地元の零細企業に発注することです。そうした企業は県民の雇用を抱えてくれていますから」**と返答しました。しかし、その考え方でいくと、「仕事の内容はともかく、公共事業の数を増やせばいい」ということになります。その結果、無駄な道路や箱物ができ上がる可能性があり、税金の無駄使いになってしまう――。そこで、もう一度みんなで考え直して、最終的に**「私たちの職場は県民の皆さんのためにある組織で、県民の皆さんが必要とする道路や水害から身を守る河川の整備などのために仕事をします」**という結論に至りました。すると、それまでは県民のためにならない公共事業も中にはあったのですが、その後は個々の職員が自分たちで考えて、無駄な公共事業をなくすようになったんです。翌年度の予算を要求する段階で、前年度に比べて、公共事業費が1割以上減っていました。

このようにして、ミッションを確認する話し合いをすべての部署と行ったわけです。

私が、県知事になってからすぐにこのようなミッションを部下と話し合う機会を持てたのは、県のミッションに関して、**知事に着任する前から、ある程度のイメージを持っていたから**だと思います。実は自治省で仕事をしていたときから、「我々がやっている仕事って、国民のためになっていない仕事が結構多いよね」と仲間たちと話すことがありました。「じゃあ、何のために仕事をしているの?」と言うと、結局、「役所の組織を守るため」「天下り先を確保して、縄張りを失わないようにするため」などだった。「そういうのは嫌だよね」と話す真面目な役人は結構いて、私もその1人でした。

皆さんにとっての軸やミッションとは何でしょう？　この機会に、ぜひ考えてみてはいかがでしょうか。

フェアか、フェアでないか

人の上に立つ立場になる前に、いい意味でのこだわりやポリシー、判断基準を持っているといいと思います。私が大事にしているのは先述の通り、**「フェアか、フェアでないか」**ということ。

世の中にはフェアではないことが多いと思いませんか？

私は常に**「社会や人に対して不公正なことはしたくない」**と思っています。世の中や社会が不公正な面があるとすれば、それを取り除いて、みんなにとってできるだけ公正になるようにしたい。私は特に役人や政治家として働いていたので、そう考えてきましたが、企業やその他組織で働いている人にとっても同じことが言える面がないでしょうか。

こんなふうに考えるようになったきっかけを、自分なりに考えてみました。おそらく小学校高学年の頃の経験が影響しているように思います。

同じクラスに知的障害のある子がいて、私は担任の先生からお世話係を頼まれました。「○○君のお世話は片山君の係だよ」と言われましてね。それが小学4年生から、小学校を卒業するまで続きました。

例えば、小学6年生のときに、修学旅行で地元の岡山から大阪や奈良のほうまで行った際も、ずっとその子と一緒に行動しました。その子は放浪癖があって、不意にいなくなってしまったりするんです。だから私はその子がいなくならないように、つないだ手を絶対に放さないようにしていました。そして、知的障害のある子が、周りにばかにされてしまうことを知りました。ずっと隣にいるわけですから、彼に対して世間が持つ差別感を彼とともに受け止めるわけです。友達やその親から「片山君も大変だねぇ。あんな子を押し付けられて」と言われることもありましたが、私は「そんなに大変じゃないのにな」と思っていました。

私は、彼が喜んでくれるのがうれしかった。遠足の帰り道も家まで送ったときに、こちらを見上げて「今日は楽しかったね」と笑顔で言ってくれてね。

そして、折に触れてその子の自宅に行く中で、本当の貧困の姿を目の当たりにしました。その子の親も体が弱かったんです。当時の自分は幼くて言語化できませんでしたが、「どうにかして解決できないのかな」という問題意識を持ちました。今ふうに言えば、「社会の責任で貧困をなくすべきではないのか」と感じたのです。当時は「かわいそうになぁ」という同情心が勝っていました。あれが「人の立場に立つ」「世の中の不公正を正したい」と感じる」という原体験だったかもしれません。

自制心と恥の関係

私は自制心を大切にしていますが、それと深く関係しているのが「恥」の捉え方です。「天知る、地知る」と言いますが、「こんなことをしたら末代までの恥だな」「こんなことをしたら恥ずかしいよね」ということってありますよね。例えば、誰かから持ち掛けられた取引を受けるために自説を曲げたり、自分の損得勘定だけで動いたりするのは本当に恥ずかしいことです。それが明るみになったときはなおのことですが、明るみにならなくても、自分自身で「恥ずかしいことをしたなぁ」と思うでしょう。そんなふうに**自分が後悔するようなことはしたくない**と思います。

人は、自分の実力や現在のポジションよりも、よく見せようとか、金もうけをしようとか、より上に行こうとか背伸びをしようとしたときに、往々にして、つい恥ずかしいことに手を出してしまうものです。「不公正なことでも、相手の言うことを聞いてあげたら、世間体のいいポストをもらえる」とかね。そこに落とし穴があると思います。**努力するという意味での背伸びは大事ですが、努力もせず実力を養わないで無理をするのはやめたほう**

がいいと思います。

とはいっても、まれに管理職として赴いた部署に、変なしきたりがある場合があります。そのしきたりを知って「あれ、この部署特有の習慣はおかしいのでは？」と思ったらどうでしょう。そんなとき、その集団のおかしな習慣になびかないでいられるにはどうすればいいか。こういう場合は、**「そこから一歩離れた外の人がどう思うか」**という視点を常に持つことを心がけると、助けになるかもしれません。

例えば、自分が政治家になったときに、周りの政治家がみんな裏金で私腹を肥やしていたとします。こんなときでも「一般の納税者が見たらどう思うか」と考える客観的な視点を持っていれば、自分は悪事に手を染めないでいられるでしょう。私は常にそんな視点を持つようにしています。

10位

管理職がうまくできなかったら降りてもいい

管理職の特性が自分にあるかないか、実際にできるかできないかは、やってみないと分からない。やる前に悩むのではなく、やってみてから考えればいい。やってみてどうしてもつらければ、辞めればいい（次長、40代、神奈川県、IT・情報・通信）

できなくてポストを降りたとしても元に戻るだけ。マイナスにはならない（課長、40代、大阪府、保険）

こんな機会、そうそうやってこないから試しにやってみたらいいと思う。「向いていなければ管理職から外してもらえばいいか」くらいの気持ちで（課長、40代、岡山県、メーカー〈機械・電気機器・精密機器〉）

一度、管理職になっても、「どうしても自分に合っていない」と思ったら、降りてもいいのです。むしろ、勇気を持って、降りるべきだと思います。人事部も人ですから、管理職に向かない人を管理職に任命してしまうこともあります。その場合、管理職になった人も、その上司や部下も困りますし、その分、組織の力が落ちます。本人のためにも、組織のためにも、管理職から降りて、現状を修復すべきでしょう。タイミングに悩むかもしれませんが、今いるポジションに対して「無理だ」と思ったら、もう降りることを考えてもいいのではないでしょうか。

何を嫌だと思うかは、個々のケースで異なるでしょう。例えば役所であれば、「国会議員や県会議員から、やいのやいのと責められるのが嫌だ」「議会答弁がとても緊張するので嫌だ」というケースは少なくありません。それが原因で精神的に参ってしまう場合もあります。相手がパッと言ったことに対して、当意即妙、臨機応変に対応できる人と、できない人がいますから。そういう対応が苦手な人が管理職になると、議会で答弁するときに、全部答弁書を用意することになります。本来なら議会は議論する場なので、その場で議論できなければいけませんよね。

また、日本の組織だと、本人に管理職が向いていなくても「年功序列だから」と管理職に昇格させて、失敗するケースがあります。そうした場合、管理職から降格させるのではなく、閑職をあてがわれることが多いようです。こうなると組織の役にも立てず、本人もやりがいがなくつまらないという、誰にとっても不幸な結果になります。これは個人の問題というより、組織の問題です。

どんな人材にも、その人に向いた仕事があるはずです。例えば人を管理する管理職は向いていなくても、研究職などの専門職としては抜群という人も私は実際に知っています。**自分の強みを発揮できる仕事に就くことを目標に**してみてください。

10位 メンターや仲間を持つ

性別、年齢に関係なく、経験者の話を数多く聞いておく。画一的なリーダー像にとらわれなくて済む（課長、50代、東京都、保険）

社内外にメンターを持っておくこと（課長、50代、千葉県、メーカー〈機械・電気機器・精密機器〉）

社内外で管理職として活躍している人に相談できる関係性をつくる（役員、40代、福岡県、その他金融）

関連性が深いので、ここで一緒に解説！

24位 人脈を広げる

何でも気楽に話せる社内の人を見つけておくこと。社内人脈が助けてくれる（部長、40代、神奈川県、小売）

人脈をしっかりつくっておくこと。メンバー時代はなくても仕事ができたが、管理職になるとこれ抜きでは仕事にならない（部長、50代、広島県、その他サービス）

知識も必要だが、社内の人脈形成（上下、水平すべて）が重要（部長、50代、愛知県、商社）

管理職になると、今まで付き合ったことがないような人との交流も始まります。新しいネットワークもできて、それがまた成長につながるでしょう。

「管理職になったのだから、もっと人脈を広げなければ」といって、異業種交流会に入る人もいますが、そんな必要はありません。**仕事を通して自然と出会う人との縁を大切にしていれば十分**です。それだけでも、気が付いたら、結構な人脈ができていることでしょう。

ここで「ロールモデル」についてお話しします。「管理職になるのがいやだなぁ」と感じている人の周りには、もしかしたら、つらそうに管理職をしているモデルばかりいるのではないかな、と思います。常に仕事に追われて、上司と部下の板挟みに遭って、というロールモデルばかりが……。

仮に周りにいきいきと管理職をこなす人がいれば、「自分もああいう仕事をやってみたいな」「新しい仕事に挑戦することになるけれど、楽しそうに働きながら、自分を充実させて高めている。あの人みたいになってみたいな」という気持ちになりやすいと思います。

そうした「いい上司像」を探してみてはいかがでしょうか？

振り返ってみると、私にはそうしたロールモデルがいました。役人時代は直属の上司に、人の話をよく聞き、責任を取ってくれて、あまりあくせく仕事をせず、うまく部下に振って任せるタイプの人がいました。夕方になってその人の部屋に行くと仲間も集まってきて、いろいろな話に花が咲きました。その人の経験談を聞くだけではなく、「片山君、最近はどう？　あの仕事はうまくいっている？」とこちらの話を聞いたりしてもらえてね。休日はゴルフやワインなどの趣味も楽しんでいる人で、私はそうした趣味はあまり合いませんでしたが、ときどきは付き合っていました。

そんなタイプの上司が2人いましたね。1人は自分より10歳年上、もう1人は15歳年上ぐらいで、私が30代半ばの頃に出会った人たちです。

また、政治家のロールモデルもいました。のちに私も政治家の道に進みましたが、もともとは自分が政治家になるイメージは全くありませんでした。私が鳥取県庁に勤務していたときの知事はとても立派でした。後に衆院議員や大臣にもなった人です。議会で発言するときも、手元に答弁書を用意せずにスムーズに答弁していました。本議会で質問を受けた際、知事の後ろの財政課長席で待機している私は「今の質問はどう思う?」と聞かれることもありました。

また、梶山静六さんという政治家が自治大臣だったとき、私は大臣秘書官を務めました。任期中は梶山さんのご家族よりも長い時間、一緒に過ごし、様々なことを教えてもらいましたし、1つのロールモデルになりました。

そうしたロールモデルがもし私にいなかったらどうかと考えると、やはりロールモデルという存在はあったほうがいいと実感します。

最近は「なかなかロールモデルが見つからない」という言葉を聞きます。「あの人みたいになれるといいな」というロールモデルが見つからないため、「この人のこの部分」「あの人のあの部分」というのを集めてパッチワークのようにモデルにする、いわゆる「パーツモデル」を探すという話も聞いたことがあります。その考え方を否定するわけではありませんが、**自分が「この人のようになりたい」と思えるようなロールモデルを、もっと貪欲に探してみてもいいと思う**んです。なぜなら自分が「こうありたいな」という人の存在は、自信につながるはずだからです。その人のやり方を見て「ああやれば困難も克服できるんだ」と、具体的なイメージがつかめると、参考になりますよね。生きたロールモデルが見つからなかったら、例えば小説や映画の登場人物でもいいんです。

特に女性は女性の管理職の数自体が少ないので、なかなかロールモデルが見つからないかもしれません。最初のうちはパーツモデルでもいいです。でも、貪欲に探していけば、「この人のリーダーシップはまねしたい」「この人のマネジメントスタイルが自分に合っているのでは」「この人の生き方を手本にしたい」という人が見つかると思うんです。女性が男性をロールモデルにしても、その逆があってもいいですよね。

12位 管理職になったら頭を切り替える

マネジメントという仕事はそれまで現場でやっていた仕事とは全然視点が違い、求められることも変わる。スキルアップの勉強のベクトルや内容も全く違うものになる（課長、40代、埼玉県、IT・情報・通信）

管理職になる前に会社における人事評価の基準、役職ごとの役割、自身に求められている理想を、会社や上司と明確にしておくべきだと思う（課長経験者、30代、新潟県、IT・情報・通信）

思った以上に、頭の切り替えや割り切りが必要。「自己の成果」中心から、「チーム・会社の成果」「全体最適」中心へ（課長、50代、大阪府、建設）

管理職になって気を付けてほしいのは、**今までは管理される側だったのが、今度は管理する側になる**ということ。そのため、考え方を改める必要があります。

管理職になる前は、「一生懸命自分でいい仕事をしよう」と思って突っ走ってきたはずです。生産性を上げて、いい業績や成果を出すように、まい進してきたのではないでしょうか。こんなふうに、管理職になる前は自分のことをしっかりやっていればそれで済みましたよね。でも管理職になると、他人（部下）がやることを含めて、自分のチームの業績に反映され、それが評価の対象になります。ですから、自分だけではなく、**部下がどのような仕事ぶりをしているかも考慮しなければいけません。**チームのリーダーとして、部下がいかに楽しく快活に仕事をして、より大きな成果を出せるかを第一義に考えないといけないのです。

部下に楽しく働いてもらうためには、**何より自分が楽しく仕事をすることが一番**です。課長がしかめっ面をしていて、部下に「楽しく働け」なんて言っても説得力はありませんよね。自分は管理職を楽しく務め、部下にも持っている能力を遺憾なく発揮してもらえる環境をつくる。それが管理職の仕事です。

実際は、管理職になった後も、**マネジャーの仕事に従事するだけでなく、プレーイングマネジャーとして働く場面が大いにあります。**「管理職になったから、管理しかしない」というわけにはいきません。既に制度化されたり、慣例で仕事のやり方が決まったりしている、ルーティーンワークであれば部下に任せ、管理職は進行管理をすればいいでしょう。しかし、部下と上司の組み合わせによっても異なりますが、管理職がプレーヤー的に動かなければいけない局面は、どうしても出てきます。

その一例が「前例のないことが起きたために発想を変えなければいけない」「災害が起きて、非常事態になった」といったケースです。管理職は部下を使い、組織を動かしながら、自分も一から情報を集めて素案からつくるといったプレーヤー的な働き方をする必要が生じます。

特に役所の場合に言えることですが、部下は既存の制度の枠組の中でものを見ようとする傾向があり、何か新しい問題が発生したときでも、既存の制度や仕組みを適用しようとしがちです。それはそれで必要なことですが、だからこそ今までと違った対応が求められるときは、**管理職が率先して、新しい仕組みをつくらなければいけない**のです。自ら、そういう斬新な提案ができる優秀な部下もいます。でもそうでなければ、管理職が現場に足を運んで情報を集め、新しい枠組みをつくるような動き方をする必要があります。発想、着想、協議、相談といった面で、管理職はチームをリードしなければいけません。

また、いくらプレーイングマネジャーといっても、上のポストに昇格してもなお、ずっと同じ仕事を抱え続ける人がいますが、これは避けるべきです。そういう働き方をしていると、管理職の大事な仕事の1つ「全体を見る」という部分が疎かになります。例えば課長をしていた人が局長になったとします。局長になったら仕事の幅がグンと広がるはずなんです。それなのに、例えば現場のお金の配分権や人事権を、その人物がずっと持ち続けていたら組織は腐り始めます。

さらに言うと、このマネジングとプレーイングの仕事は、どちらもやり出したら切りがないんです。管理職が現場の細部まで口を出し始めたら、自分の仕事量が膨れ上がります。細かいところまで本当は理解していないのに指図してしまうこともあるでしょう。ですから、**リーダーは大枠の指針を出して、具体的なところは副リーダーが決める、というふうに必要に応じて、部下に権限を委譲したほうがいい**です。往々にして、優秀な人ほどマイクロマネジメントをして、細かいところまで指示を出すようになり、その結果、部下が自分で考えなくなったり、身動きを取れなくなったりしがちです。そうならないよう、十分に気を付けなければいけません。

国の役所で課長を務めていたとき、上司にあまりに細かなことまで指図されて辟易《へきえき》したことがあります。そこで同僚と相談して、会議の席で「そんなことは局長が気にされるようなことではありません。課長の私たちでさえ関心がないことです」などと、みんなの前でたしなめたこともありました。上司に対して失礼だとは思いましたが、自分や部下がつまらないことに煩わされるのを避けるための苦肉の策でした。こうした非礼な行為がどんな結果をもたらすか、一概には言えませんが、そのときの上司は、それ以後は細かいことは言わなくなりました。

13位

失敗も大事な経験だと考える

失敗も含め、経験が必ず次につながる。ぜひ挑戦してほしい！（課長職経験者、30代、神奈川県、シンクタンク・コンサル）

たとえ失敗しても経験が自信になる。自信がつくとさらに仕事が面白くなる。だから何でもチャレンジすることが大事（執行役員、50代、宮城県、メーカー〈食料品・飲料〉）

失敗を恐れずにチャレンジし、失敗を財産にすること（社長、60代、愛知県、シンクタンク・コンサル）

失敗はしないほうがいいに決まっています。でも、どうしても失敗してしまう可能性はありますよね。大事なのは、**失敗したときにどうするか**です。いけないのは、落ち込んで「新しいことには二度と挑戦しない」「責任あるポジションにはつかない」などと逃げてしまうこと。一方で、失敗したのに「いいんだ、これは失敗ではないんだ」と妙に居直ってしまうケースも困ります。これは政治家などによくあります。

大事なのは、どこに問題があったのか、どうすればうまく成功に導くことができたのかを**冷静に分析すること**です。冷静な態度を保ち、失敗経験を生かして、次に挑戦したときにいい結果を残せるかどうかが重要です。

部下は失敗の責任を感じて「会社を辞めます」と言ったり、気落ちして病んでしまったりする可能性もあります。こういうときは「大丈夫だよ」と一声掛けてあげるというよりも、一緒に原因分析をして、再発原因をなくすように動いてあげることのほうが、その部下にとっては次への自信につながりやすいと思います。どこに問題があったか見直すと、「あそこに一声掛けておけばよかった」「この文献を調べておけばよかった」など、いくつかの原因が浮かび上がるものです。

また、よくないのは部下を叱り飛ばして終わり、というやり方です。「おまえのおかげで、えらい迷惑を被ったじゃないか」と言ってね。一方で、「いいんだよ、失敗はみんなするものだから」と言って終わらせてしまうこともよくないです。

仕事に失敗は付き物です。私も自治省時代、リーダーとして自分が見ていたチームの情報管理が甘かったため、うるさ型の政治家を怒らせてしまったことがあります。「なんでこの情報を、俺より先に（選挙区のライバルである）あいつが知っているんだ！」と。私たちのチームが悪いわけではなかったのですが、彼の怒りにも一理ありました。

私はその議員のところに行きました。謝るわけではないけれども「こちらの不注意だった」と言ったところ、無理難題を突き付けられました。「これを聞いてくれたら許してやる」と、飲めない条件を提示されたんです。「いや、それはできません」と答えると、「てめえ、この野郎、ぶっ殺すぞ」「おまえを霞が関から追放してやる」と怒鳴られました。目の前で当時の自民党幹事長や、役所の事務次官に電話を掛けて、私のことをボロクソに言うわけです。仕方なく、上司に「こういうわけで○○議員とトラブってます」と報告しました。上司は一緒になって考えて、怒っている議員にとっての天敵である政治家に頼んでその場を収めてくれました。

ほかにも、業務量がとても多い税制関連の部署で課長をしていたときに、部下が精神的にまいってしまったことがありました。自民党との関係で業務量をどうしても減らせなかったんですね。大分減らしてもなお、業務量が膨れ上がってしまっていた。あのときは大きな税制改正の課題を抱えていました。そのとき学んだのは、**「管理職たるもの、部下一人ひとりの仕事の状況をしっかり把握しなければいけない」**ということ。それからは、自分で把握できる大きさの組織であれば自分で把握し、自分が組織の上に行けば行くほど、1人でできることには限りが出てきますから、中間管理職に「部下の動向をよく見て、無理が生じないようにしようね」と注意するようになりました。

15位

「選ばれた＝見込まれている」のだから自信を持つ

機会をもらえたということは、「この人なら乗り越えられる」と周りが考えている証拠だと認識する（課長、50代、東京都、IT・情報・通信）

管理職として完全な能力があるから管理職に昇格するわけではない。足りないスキルや能力があれば、管理職になってから1つずつ習得していけばいい（課長経験者、40代、神奈川県、IT・情報・通信）

これまでの経験や実績を認められたから、管理職になれたのであって、力不足ということはない（課長、50代、埼玉県、IT・情報・通信）

管理職への昇格を打診されると、「私に務まるだろうか」「私に管理職など無理だ」と思う人は多いようです。でも、昇格の話が出たということは、会社から「管理職に向いている」と評価されていることの証明ですから、**基本的には今まで通りで大丈夫**です。

それでもどうしても管理職としての自信がない人は、何らかの理由があるのかもしれません。例えば「部下に仕事を任せるのが苦手」「人前でプレゼンするのが苦手」などでしょうか。でもそれらは、最初からうまくできなくても、徐々に慣れてくるものです。心配せずに挑戦してみることをおすすめします。

一般的に言って、前向きな気持ちになれないときは、何かしらの不安があったり、自信がなかったりすることが多いと思います。「仕事に関して、上司に何か質問されてもうまく説明できないのではないか」「漏れがあるのではないか」「自分の仕事に欠陥があるのではないか」……とかね。自信を持って「自分はこの分野ではメンバー中の第一人者だ」と思えるようになれば、仕事は実に楽しくなりますよ。だからそうなるために勉強して知識を身に付けなければいけないし、人の話を聞かないといけないんです。**最初に不安を感じ**

るのは当然のことで、不安は解消していけばいいわけです。不安の原因を考えて「この知識が足りない」と分かれば、「あの本を読もう」「あの人に聞こう」と考えて対処できますよね。そうやって不安を1つずつ消していけばいい。

私の場合、新しい仕事に就いたら。最初の1カ月くらいは、前任者が残した書類を繰って仕事の全容をつかんだり、周辺知識を身に付けたりしました。その後、本格稼働する中で、何かを上司に聞かれて即答できないなど、いろいろなところで「これを学ばなければいけない」と気付かされることがありました。例えば、自治省時代には、国会議員に何かを質問されたときにその内容がピンと来ないことがありましたね。民間企業であれば、例えば上司や取引先から何かを聞かれて分からなかった、ということもあるのではないでしょうか。そういう場面を経験したら、その都度、勉強していけばいいんです。そうした経験を重ねるごとに、必要な知識が増えていき、半年ぐらいたてば、その分野の第一人者になっているはずです。言い方を変えれば、それぐらいになっていなければいけないとも言えるでしょう。そうなれば楽しくなるし、仕事や自分について、次なる改善点も見えてくるはずです。

リーダー経験がない人へのアドバイス

実は私は子どもの頃から、学級委員や生徒会長など、リーダー的な役割を担うことが多かったんです。でも、この本を手に取っている皆さんの中にはいろいろな人がいるでしょうから、中には今までリーダー的役割を担ったことがない人もいるはずです。そういう人がいきなり職場でリーダーを任されたら戸惑うかもしれません。そういう人におすすめしたいのは、**職場以外の場で、おっくうがらずにリーダーを務めてみること。**例えばマンション管理組合の理事会や町内会役員、子どもの学校のＰＴＡなどで役をやってみたらいいんです。そういう経験は役に立つと思います。地域社会の役に立ちながら、リーダー的役割を担う経験を積ませてもらうというのは、いい研修を受けるのと同じような効果がありま す。会社でも社員にそうした経験を積むことを奨励したらいいと思います。職場とは違う場所でそういう経験をすると、一皮むけるんですよね。私自身にもそんな経験があります。

15位 分からないことは聞く

知らないこと、分からないことは誰にでもすぐに聞く（課長経験者、60代、兵庫県、教育）

不安がらず、分からないことは聞けばいい（課長、50代、大阪府、IT・情報・通信）

知らないことは素直に「教えてほしい」と言う（部長、50代、熊本県、メーカー〈自動車・輸送機器〉）

私が27歳で初めての管理職になったときのポストは税務署長でした。そのときは、就任前に税務大学校という研修機関に、1カ月ほど缶詰になって研修を受け、税務署の使命や署長のやるべきことなどを学びました。

その後、初めて税務署に出勤したときは「私は税務署長として、こういう考え方で臨みたい。皆さん方にも、同じ考えでやってもらいたい。でも、**この分野は経験が浅いので、経験豊富な皆さんから、今、私が話したことについて意見を聞かせてもらえますか？**」と話しました。任期中も、上から自分の考えを押し付けるのではなく、分からないことは、税務の専門家である署員の皆さんに**謙虚に聞く**というスタンスで仕事をしていました。

赴任前に税務に関する知識が全くなかったわけではないんです。自治省で地方税を所管する課に在籍していましたから。いろいろな税に通底する基礎知識や税の仕組みは身に付けていました。ところが税務署が取り扱うのは国税で、1カ月程度勉強しても細かいところまでは分かりません。ですから署員の皆さんに聞くしかない、というのが本音でした。聞くときは、当たり前ですが、**相手に対するリスペクトを大事に**していました。

15位 家庭と両立する

家事や育児のサポート方法を複数持っておく。自分でやらずに家事代行などを使うことへの心理的ハードルを下げる（課長、40代、大阪府、教育）

キャリアは仕事と生活の両方で成り立っているから、両方大切にしたほうが、両方うまくいく（課長経験者、40代、東京都、メーカー〈医薬品〉）

小さな子どもがいる場合、どんなに仕事優先であったとしても、短時間でも子どもとの時間をつくってほしい。子どもを後回しにしていたら、取り返しがつかなくなる（部長職経験者、60代、千葉県、その他）

家庭と両立することの大切さについて、言いたいことが3つあります。1つ目は、今は共働き、共育ての家庭が増えていて、社会だけでなく家庭内も男女共同参画にしなければ回らない、ということです。従来、家事や子育て、地域社会との交わりなどは、主に女性が担うケースが多かったと思います。でも、今の時代にこれを続けていたらもちません。**うまく家庭をマネジメントするためには、女性が社会進出をした分、男性も家庭内進出をしなければバランスは取れない**ですよね。

まえがきで紹介した厚労省の調査では、「管理職に昇進したいと思わない」と回答した人が調査対象者の61・1%だったと述べました。しかし、これを男女別に見ると、「管理職に昇進したいと思わない」と回答した男性は37・5%、女性は77・4%で、女性のほうが管理職昇進に対して後ろ向きであるという傾向が見られます。なお、「管理職以上に昇進したい」と回答した男性は60・7%、女性は21・1%でした。

さらにもう1つ、別の調査結果を紹介します。この本を作るにあたって現役管理職と管理職経験者を対象に行った調査(*)で、「初めて管理職(課長以上)昇格を打診されたときに、その場で、もしくは1週間以内に承諾しましたか?・」と質問したところ、「はい」と回答した男性は92・2%、女性は84・2%で、男性より女性のほうが約1割少ないことが分かりました。さらに、管理職昇格を断ったことのある男性16人、女性72人に理由を聞いたところ、男性でも女性でも1番多かったのが「重い責任を負いたくなかったから」(男性は26・8%、女性は17・9%)。女性が断った理由の2番目は「子育てとの両立が難しかったから」でした。この項目を選んだ男性はたった1人でした。この調査結果は、男性があまり育児をしておらず、女性が深くコミットしている実態を反映していると思います。特に職場で重責を担うことになると、仕事に投じる時間が増えることが想像でき、重いポストになるほど就任をためらう女性が増えるかもしれません。

ただ、巻末付録に「ポストが上がるほど自分の裁量が増えて働きやすくなった」というコメントが複数あるのを見ると、上のポストに上がったほうが、育児と仕事の両立がしやすくなる実態があるのかもしれません。職位が上がると、今までの慣行を変え、育児と仕

*日経クロスウーマン調査「課長経験者(現役の課長も含む)の皆さんへのアンケート」(回答者のうち、現役管理職または管理職経験者は1262人)

事を両立する社員の働きやすさを向上させるといった職場改善ができるからではないでしょうか。

2つ目は、**家庭に何か悩みや憂いを抱えていたら質の高い仕事はしにくい**、ということ。いい仕事をしようと思ったら、家庭をしっかりさせておかないといけないんです。そう考えると性別に関係なく、自分が家庭で担わなければならない役割が見えてきます。それを家庭でこなすことによって、会社でもいい仕事ができるという理屈です。「外でいい仕事をするんだから、家庭は顧みない」というのは論理矛盾でしょう。

3つ目は私の個人的な経験ですが、仕事をしているといろいろな人と付き合うことになりますよね。上司や取引先には、いい人もいますが、わけの分からない人にも出合うはずです。そして、私の経験からすると、**子育ては「わけが分からない相手と向き合うこと」の最たるもの**です。私は6人の子どもを育ててきましたが、子どもに向き合っていると、「わけが分からない」と思うことが少なからず起きます。わけが分からなくても、こちらから関係を絶つことも、暴力で押さえつけることもできず、ちゃんと付き合っていくしかない。

わけが分からない相手と、ちゃんと向き合って切り盛りしていく経験はとても貴重です。**忍耐力も付きますし、相手をなだめたりすかしたりしながら、こちらの思っている方向に導くように努めるという行為は、管理職の仕事と、ある種の共通項があります。**

家庭をうまく回すことを、会社の研修だと思ったらいいんですよ。私の子どもたちも今はもうみんな大人になりましたが、子ども時代は大変なこともありました。子どもの受験期に転勤が重なって悩んだこともありました。そんなときには子どもとよく話をして、親の言い分をできるだけ理解してもらい、こちらも子どもの言うことに耳を傾けて試行錯誤するしかありませんでした。わが家の場合は、一番年上の長男がリーダーのような役回りを担い、10歳を超えると本当に力になってくれました。長女、次女も下に生まれた子の面倒を見てくれましたね。

中でも私がとても大事にしていたのは、**家族との食事の時間をともにする**こと。一番上の子と一番下の子の年齢が14歳違うので、6人の子どもたちと夫婦合わせて合計8人が同時に食卓を囲むことはあまりありませんでした。赤ちゃんはベビーベッドにいて、食事の時間が違ったり、上の子たちは大学進学で家を出たりしましたからね。それでも毎日、6～7人ぐらいで一緒にごはんを食べました。とてもにぎやかで、私はもっぱら聞き役に回りました。家族の話を聞いて、必要なら助言するという感じでした。

共働きで管理職をしている皆さんにお伝えしたいのは、**できるだけ毎日家族一緒に食事をしたほうがいい**ということです。朝ごはんだけでもいいですし、夕ごはんも一緒ならなおいいです。家族は共同体ですから、一堂に会してコミュニケーションする場は大切です。お互いがどんなことをしているか、何を考えているか、どんなことがあったか、顔色一つ見るだけで分かることもあります。今は、それぞれ時間が合わず、ばらばらに食事を取る「孤食」が増えているようですが、食事はできるだけ一緒にしたほうがいい。ときどき、週末に家族で外食して「家族で食事をしています」という家庭もありますが、「それはちょっと違うな」という気がします。

あとは、**子どもの反抗期**ですよね。長男が小学校高学年ころに反抗期を迎えたときは、やはり戸惑いました。今までかわいらしくて素直だった子が、急に口を利かなくなったり、たてついたりね。あのときはこちらも悩んだり、心配したりしました。長女も親と一緒に行動するのを避けたり、一緒に出掛けたとしても距離を置くようになったりしましてね。このときも「何か悪いことしたかな」と心配になりました。反抗期はぴたっと終わるものでなく、いろいろ変化して気が付いたらその時期を過ぎていた、という感じですね。子どもにとっては大事な成長の過程ですから、そのときに**妙に親が怒ったり、過剰反応したりしないこと**です。しかし、こう言ってはいますが、私も落ち着いて見ていられるようになったのは、次男が反抗期を迎えた頃ぐらいからです（笑）。やっと「あ、始まったな」「この時期に入ったんだな」と余裕を持てるようになりました。

夫婦仲を保つためには**日頃の感謝の言葉**が大事だと思います。誕生日に花を贈り合うといったことは、わが家では特にお互いにありませんでした。でも、ごはんを作ってもらったら「ありがとう」、朝出掛けるときに「服にほこりが付いてるよ」と払ってもらったら「ありがとう」――。強いて感謝を伝えようとするのではなく、自然に口から出てくる言葉が大切ですね。

18位
周りに遠慮しない

課長はその上に上がっていくための第一歩。遠慮せずどんどんやってほしい（課長経験者、50代、福岡県、小売）

個への配慮は大事だが、部下にも上司にも遠慮する必要はない（課長、40代、大阪府、メーカー〈医薬品〉）

上司や部下に忖度《そんたく》せずにありのままを評価する（課長経験者、40代、東京都、建設）

新しく課長になってやりたいことや意見があれば、どんどん言えばいいと思います。ある人が管理職に登用されたときに、前任者に忖度して同じやり方を繰り返したら、組織は安定はしても、発展はしません。**担当者が変わるというのは、新しい視点や発想をチームや組織に注入すること**ですから、新任者は自分の考え方や意見を遠慮なくぶつけていいでしょう。

ただ、自分の意見に対して周りから反論や批判があったときに、自説にこだわって「言い出したことは引かない」というのは考えものです。自分の考えは多くの選択肢の一つにすぎない、という相対的な見方を持っておいたほうがいいでしょう。やり取りをしてもなお反対されたら、一旦引き取って、次の機会が来たらまた意見を言ってみる、という具合です。私も周りの反応を見て自説を変えたこともありますし、今はまだ機が熟していないから作戦を考え直そう、と判断したこともあります。

でも、役所や企業ではたびたび人事異動があるので、そのうち私の意見に反対していた上司も別の部署に移っていきます。私の場合、そうした折を捉えて、改めて自分の考えを持ち出すことがしばしばありました。そんなことも頭に入れておいて、柔軟に構えて機会を待つのがいいと思います。

ちなみに「言い出したら聞かない」という人は上にも下にもいるものです。自説にこだわって、相手が自説を受け入れないと「無視された」「私の意見にはいつも反対する」「自分のことを全然分かってくれない」などと言い出してしまう人ですね。意見の相違というよりは、人間関係のほうで禍根を残してしまう。こういう人にどう向き合うかはケース・バイ・ケースですが、相手が部下の場合は「それは違うと思いますよ」と直接指導すれば、大半の人はそこで収まります。それでも収まらなければ放っておくという手もあります。あとは人事部に頼んで、その人がより生きる仕事に変えてもらうというのでもいいと思います。

19位 昇格を断る道もある

昇格だけがキャリアではない。「向いていない」と思うのであれば、むしろ勇気を持って断ってほしい（課長、30代、東京都、総合電機）

管理職へのオファーがあれば、ぜひチャレンジしてほしいと願う一方で、管理職以外で自分の能力を生かしながらキャリアを積む方法がほかにないのか、冷静に考える時間を取ってほしい（課長、40代、千葉県、IT・情報・通信）

管理職を打診されたときに「自分にはどうしても難しい」と思ったら、断ってもいいと思います。でも**その前に、できればメンター的な存在の人に相談できるといい**ですね。直属の上司でもいいし、人事部に相談窓口みたいなものがあればそこでもいい。自分の思い込みもあるかもしれませんし、ちょっとしたアドバイスで事態が改善する可能性もあります。

それに**一度断っても、その後も仕事を続けていれば、またいろいろなチャンスがめぐってくるはず**です。そのときは今より自分も年齢や経験を重ね、「今なら大丈夫」という状態に成長している可能性もあります。

私は6人の子どもがいて、4人目が生まれるときに転勤の内示を受けたことがあります。もしその話を受けたら、出産予定の月に引っ越しをすることになるというタイミングでした。それでなくても、ほかに小さい子を3人抱えていました。

正確に言うと、その内示を受けて職位が上がるわけではなかったのですが、その後のキャリアにもつながる、いいポストだったんです。しかたなく、上司に「(このタイミングの異動は）勘弁してください」と言ったところ、「君のためを思って、いい人事を塩梅《あんばい》したのに、なんだおまえは！」と烈火のごとく怒られました。でも背に腹は代えられぬ、ということで断りました。それでも結果的には、何の問題もありませんでした。皆さんも冷静に優先順位を付けて、無理をしないようにしてください。

20位 俯瞰する

自分の社内での立ち位置を360度から見る俯瞰力を身に付ける（部長職経験者、50代、東京都、メーカー〈鉄鋼・非鉄金属〉）

今までの一社員の立場だけでは務まらないことが増える。全体を見る視座を持ち、多角的に見ることを意識する（執行役員経験者、50代、福岡県、福祉・介護）

目の前のことだけでなく、一歩先を見る（社長、60代、東京都、シンクタンク・コンサル）

課長の次は部長、その先は本部長……と、まだ上のポジションがあります。今、課長なら、次に部長になったときにはどう振る舞えばいいのか、今の部長の振る舞いを遠慮せずに、よく見ておくといいと思います。できれば、さらに上のポジションの人のことも見ておいたほうがいいです。例えば本部長の視点でものを考えてみると、それまで理不尽に聞こえていた部長の言い分が理解できるようになるでしょう。

こんなふうに、どのポジションにいても、常に自分より2つ上のポジションになったつもりで組織を見ておくといいですよ。そうすると、自分のやるべきことや、組織のやっていることがよく分かるようになるはずです。

例えば、組織内で権限争いが起きることはよくあります。「それはうちの課の仕事ではない」「あなたの課でやってくれ」……とね。でも、部長の立場から見れば、どの課の仕事だと争っている暇はない。部長の立場で状況を見ることができれば「つまらない争いはやめて、協力してやろう」という話になるはずです。

「一歩先を見る」方法

「目の前のことだけではなく、一歩先を見る」は、まさに私がやり続けてきたことです。難しく聞こえるかもしれませんが、慣れてしまえば、そんなに難しくもありません。

例えば、私は、管理職に就く人事の打診を受けたときに**「私はこのポストに就いたあかつきには、こういうことをやってみたいと思うのですが、いかがでしょうか」**と、提案することが結構ありました。これを実践するためには研さんを積み、一歩先を見る習慣を付けておく必要があります。

例えば1995年には、固定資産税課長への昇格を自治大臣官房長から打診されました。当時はバブルで地価が高騰した後で、固定資産税にまつわる情勢が大混乱していました。行政に対する不服申し立てが何万件も出て、訴訟があちこちで起き、自治省は困り果てていました。私は若い頃に固定資産税の仕事を担当したことがあり、その背景もあって「大変なときに悪いけれど、課長をやってくれないか」と言われました。私は「いいですが、私は税制に関して、情報公開が欠けているという問題意識があります。情報を公開することが、今の混乱を克服する一つの道ではないかと見ているので、それに着手していいですか」と聞きました。当時はまだ役所は情報公開に後ろ向きだったんですね。官房長は「いいよ、君ならうまくやるだろう」と言ってくれて、「じゃあ、頑張ります」と答えました。

こんなふうに**着任のタイミングで自分のやりたいことを伝えるには、普段から前もってよく考えておくことが大事**です。自分が「次にどんな職場に行かされるだろうか」ということに関心を持っておいたほうがいいですよね。もちろん考えられる選択肢はいくつもあります。「あの部署は今、どういう問題を抱えていて、何が焦点なのかな」とか。新聞を読みながら「税制がこてんぱんにやられているな」「自分が今、税制の仕事をするとしたら、こうするしかないよな」などと考えるのです。

また、首相だった菅直人さんから「総務大臣をやってくれ」という電話をもらったときも着任後の提案をしました。私は電話越しに「地方分権改革はそれなりに進みましたが、改革が一番遅れているのは総務省です。私は総務省の改革に着手したいとかねがね思っていました。総理はその改革を応援してくれますか」と聞き、「それは大いにやってください」と言ってもらえました。知事時代から「総務省が一番改革が遅れているな」という問題意識を持っていたんです。

こんなふうに、毎日働きながら何かの課題について気を配り、自分がその課題を解決できる組織のトップになったらどう変えようかと考える習慣をつけておけば、いざ本当にその組織の管理職になるチャンスが回ってきたときに取っ掛かりを見つけられます。

念のために付け加えておきますが、だからといって、自分が今担当している仕事や責任をそっちのけにして、上位のポストに就いたときのことや他の部門の課題ばかり考えているのでは本末転倒です。あくまでも自分の職責を十分果たしたうえで、その余力をもって他のことも考えるという姿勢を失わないようにしてください。

20位 感情的にならない

感情と事実を切り分けること（部長職経験者、50代、東京都、メーカー〈鉄鋼・非鉄金属〉）

アンガーマネジメントは大事（課長、50代、東京都、メーカー〈医薬品〉）

感情的にならない（課長、50代、兵庫県、葬儀）

「感情的にならない」は「27のこと」のうち、私が4番目に大切だと思う項目です。感情的になると、理性を失います。最近、ある県知事のパワハラ問題に関して、第三者調査委員会の調査報告書が公表されました。これを読んでみると、リーダー養成の教材にしたらいいのではないかと思えるような内容が明記されていました。例えばリーダーが部下に説明をさせずに怒鳴りつけたことなどが詳しく書かれています。リーダーがこう振る舞った結果どうなるか。組織は委縮し、部下は何も言わなくなり、やる気を失う——、こんなふうにいいことは一つもないわけです。職場で誰かに対して怒鳴ったら、もうおしまいです。そこからは冷静な対話になりません。その瞬間はスカッとするかもしれませんが、怒鳴った人は絶対に後悔します。ですから、感情的になりやすいという自覚のある人は自制すべきです。ついカッと怒りそうになったら何か呪文を唱えるようにしたり、「祇園精舎の鐘の声、諸行無常の響きあり……」と平家物語の冒頭を復唱してみたりして10秒ほどおけば冷静になりやすいと思います。

中には交渉時などに戦略的にキレて相手に食って掛かり、有利な条件を手に入れようとする人もいるかもしれません。でも、そうしたやり方は長期的な信頼関係にはつながりません。逆に相手がそう振る舞ってきたら、相手の目をじっと見てやったらいいと思います。

特に、43〜45ページに詳しく触れた通り、部下に対して怒ったらだめですね。怒ってしまうと、お互いに気分が悪くなります。例えば何度注意しても同じミスを繰り返す部下がいたら、怒るのではなく、人事に事情を話して「ほかにもっと向いた部署があるのではないでしょうか」と伝えたほうがいいです。私も数回ですが、そうした相談をしたことがあります。仕事の向き不向きである場合もあれば、部下が家庭に困難を抱えていて仕事にどうしても集中できていない場合など、様々なケースがありましたね。

かく言う私も仕事でカッとなったことはあります。「なんでこんなことをするんだ！」と。でも感情を表に出したら、その後の自分の発言から説得力が失われますから、ぐっとこらえました。怒っても何の意味もないので、怒る代わりに、なぜこのようなことになったのかを一から聞いてみたり、「どういう手順で行ったのですか」「このルールはなぜ守らなかったのですか」と質問したりしました。あなたのヒントになることを祈ります。

22位 自分の強みを知る

自分の強みを知っておく（課長、40代、神奈川県、メーカー〈化学〉）

あまり気負わないで、全部を完璧にこなそうと思わずに、自分の強みをどう生かせるか考えてみる（課長、50代、東京都、メーカー〈医薬品〉）

自分の強みを知る、自己理解の研修は受けておくといい（課長、40代、神奈川県、小売）

自分の強みって、なんだと思いますか？　あなたは「あなたのここがすごいね」と誰かに言われたことがあるでしょうか。おそらく、そんなにはっきり言われたことのある人は多くないのではないでしょうか。むしろ、あからさまに褒められると、この人は何か他意があってこんなことを言っているのではないか、などと警戒するかもしれません。

かくいう私は、働いていた環境が褒め合う文化ではなかったこともあり、褒められた記憶はあまりありません。数少ない「褒められた場面」を思い起こすと、部下から「片山さんに話を聞いてもらえて、やる気が出ました」と言われたことはあります。「国会議員の○○さんのところに行ったら、君のことを随分褒めていたよ」「○○局の局長が『片山君にとても助けてもらった』ってお礼を言っていたよ」と、間接的に言われたこともあります。

褒め合う文化の中で働いているなら、「あなたの強みはここだよね」と周囲から指摘してもらえるかもしれません。強みを分析するツールが紹介されている本もありますから、調べてみるのも手でしょう。家族や友人に聞いてみてもいいかもしれません。**仕事で一番うまくいくのは、得意なことを仕事にすることですから、自分の強みを知っておくことは大**

事です。

そのほか、誰に言われたわけでもありませんが、私には自覚している強みがあります。それを言葉にすると、「フェアである」「ミッションを間違えない」ということです。これは66～76ページで詳しくお話しした通りです。皆さんも、自分が大切にしている理想や信念、ビジョンなどはぜひ大切にしてください。一貫した理想や信念は、やがて周りの人たちの共感を呼び、それが敬意につながるかもしれません。そうなれば、それがあなたの強みになるはずです。

23位 余力を持つ

社内折衝、アピール、ネガティブキャンペーンへの対応策、自分の仕事、これらを自分の力の6割程度で回せるようにする。それを可能にするスキルを身に付けるのが理想（課長、40代、東京都、シンクタンク・コンサル）

100％全力投球せず、7割の力でヒットを3割打てるくらいのイメージで成果を出す。そんなマインドとスキルを身に付け、バランス重視で行く（副部長職経験者、50代、岩手県、フードコンサル）

管理職にとって日頃から余力を持っておくのは、とても大切です。そして、**「余力を持つ」ためには、「無駄な仕事を見つけて省く」ことが大変重要**です。

まえがきで紹介した厚労省の調査で、「管理職になりたくない」理由の2番目に多かったのが「業務量が増え、長時間労働になる」でした。管理職にとって「無駄な仕事を見つけて省く」のは、自分のためにも、部下のためにもとても重要な仕事です。管理職になりたての頃は、無我夢中で仕事をこなすだけで、なかなか仕事の全体像を把握できないかもしれません。でも、半年もたてば「この作業は無駄じゃないかな？」ということが見えてくるはずです。

例えば、部下が膨大な労力を投じて作っている資料があって、その資料は実は会議で1回見るときにしか使われないとします。「たった1回見るだけの資料に、こんなに時間を使うのは時間や労力がもったいない。凝った資料を作るのはやめて、要点を箇条書きにして出したり、口頭で説明したりするだけでいいのでは？」と考えれば、仕事を減らせますよね。

ほかにも私の役所時代にはこんなことがありました。役所では自治体に対して様々な調査をしていたんですね。調査の回収と集計は、結構手間取るもの。そこで、「こうした調査結果はどこで活用されているのか。どういう成果を生んでいるのだろう」と、みんなで一緒に見直してみたんです。すると最初は必要性があって始めたけれど、もう何の成果も生み出していない調査が複数見つかりました。それまでは「やめてもいいかもしれないけれど、万一のときにデータがなくて困りそうだよね」と推測して、あまり深く考えずに継続していたのです。そこで、私はそうした不要だと思われる調査は、一旦やめることにしました。必要性が生じたら、また再開すればいいと判断したのです。

こんなふうに「やって当たり前」と思われていた仕事も、「本当に必要？」という目で見て調べると削れる場合があります。管理職にとって、新たな価値につながる仕事を創造することも大切ですが、不要な仕事をなくすのもとても大事です。

完璧を求めない

もう1つ言いたいのは、**「完璧を求めない」**こと。仕事は80〜85点ぐらい取れれば合格です。これを95点以上に持っていこうとすると、大きな時間とエネルギーが必要になります。投入するコストや労力、気遣いの量を考えると、80点台でよしとして、次の仕事に取り掛かったほうが効率的です。多少の改善点が残ることを前提にして、もしそれが原因で何らかの問題が起きたら、どう修復するかを考えたほうがいいでしょう。

管理職として部下に仕事を依頼するときには、部下から上がってくる仕事内容は70点で御の字です。部下には「(何かの)素案を作って」とお願いすることが多いですよね。何事も原案をつくるのはとても難しい仕事です。でも、部下からの最初の提出物が60点台以下だと非効率ですから、そこは手を打つ必要があります。早い段階で仕事全体に通じるミッションを伝えて、部下が方向や大筋を間違えないようにしていれば、大抵の部下であれば合格点を出してくれますし、その後のミスも回避できます。

24位 昇格する際に条件を交渉する

打診されたら、受けること。「やれる」と見込んで頼まれているのだから。ただし、条件は伝えること（部長、40代、埼玉県、IT・情報・通信）

役を引き受けるとき、仕事内容や待遇など、交渉できることは交渉しておくのがいいと思う（課長、40代、岐阜県、教育）

昇格後の職位に要求されることと報酬を聞き、達成すべき納得できる目標をはっきりさせる（課長、40代、埼玉県、IT・情報・通信）

管理職への昇進を打診されたときに、自分のやりたいことを希望として伝えるのはいいのですが、それを条件にして交渉するのは、あまりおすすめしません。でも例えば「管理職の定例会議が毎週木曜の夕方に行われるが、自分は木曜夜に必ず保育園の迎えに行かないといけない」といった場合もあるでしょう。そんなときは「定例会議を木曜の朝にしてもらえないか」と交渉してもいいと思います。でも場合によっては、それを**言い出すタイミングは重要**です。管理職就任後、ある程度、時間がたって、場の雰囲気が分かってからにしたほうが賢明かもしれません。

日本社会では、正論を主張する際でも、タイミングを間違えると、みんなから反発を食らう可能性があります。正論だからこそ、言うタイミングや言い方に気を付けなければいけません。できれば自分1人で言うのではなく、何人か仲間を見つけて、一緒に「今のやり方に疑問を持っている人が複数いるようです。私もその考えです」と主張できると心強いでしょう。

114～118ページの内容は、上級編の交渉術です。

24位 足りないスキルがあれば身に付ける

組織化とチームビルディングのスキルを身に付ける（社長、60代、愛知県、シンクタンク・コンサル）

広い視野や新しい考え方、仕事のスキルを得たかったので、次長になった際に学びをスタート。大学院へ通い、ＭＢＡ（経営学修士）を取得。その後、3年ほど経過したが、あのときの学びは本当に役に立っている（部長、50代、東京都、生活協同組合）

外部のマネジメント研修で、勘、経験、度胸に頼らない知識を得たことは、管理職を務めるうえで大変役立った（部長職経験者、50代、東京都、政府系法人）

仕事でどうしても必須になるスキルや知識がありますよね。それが自分にないと気付いたら、**早急に学んで身に付ける**ことをおすすめします。私が役所で働いていたときには、例えば「統計学の知識が必要だな」「語学が必要だな」など、いろいろ気付くことがありました。

例を挙げると、土地政策の部署に異動したときのこと。都市計画や国土利用計画法、土地の利用規制などを扱う部署でしたが、私にとっては全く未経験の部署。その部署で課長補佐を務めることになり、「この分野のことは何も知らないな。勉強しなければ」と思ったんです。そこで異動後、上司に「最初に知識を詰め込んだほうが後で稼働しやすいと思うので、2週間くらい勉強させてください」と相談し、根を詰めて勉強しました。役所にある図書館で該当の本を借り、朝から晩まで自席でずっと読んでいました。分からないところは、詳しい職員に「教えて」と言って聞いたりしてね。

また、その部署にいたとき、大臣に呼ばれて韓国への出張を命じられました。「韓国の土地政策や土地税制を学んできてくれ」という特命を受けたんです。今から40年ほど前の話で、韓国に行く人がまだ少なかった時代ですから、外務省に助言をもらいに行きました。そうしたら担当課長に「ぜひ行ってください。行くにあたって、多少韓国語を勉強したほうがいいですよ。現地の方に接したときに印象もいいし、ハングルを読めると、情報量が全然違いますから」と言われました。それを聞いて2週間ほど韓国語を猛勉強しました。NHKのラジオ講座を聞いたり、本を読んだりしましたね。そして、現地に行って驚きました。韓国語を一言二言、話しただけで「あなたはいい人だ！」と言われてね。「こんな浅い知識でこれほど喜んでもらえるなら、もっと勉強しよう」と思って、それからは趣味を兼ねて、本格的に勉強を開始。2年間ほどラジオ講座を聞き続けました。ハングルは今でも読めます。

こんなふうに仕事で必要だと思った知識は、どんどん学んでみてはいかがでしょう。新しいことを学ぶのは大変ですが、楽しいですし、仕事の幅が広がりますよ。

27位 引き継ぎをしっかりする

引き継ぎは十分に行うべきだ（課長、50代、群馬県、メーカー〈化学〉）

部下の個人事情なども、後任者には伝えておいたほうがいい（部長職経験者、60代、千葉県、マスコミ）

プライドを持って仕事をしていれば、後任の人にも「これは守ってほしい」ということが出てくると思います。もちろん人が代わるわけですから、基本的には後任者に自由にやってもらえばいいのですが、私は**「これだけは守ってほしい」と思うことがあれば伝える**ようにしていました。

例えば鳥取県の知事を後任者に引き継いだときは、「フェアにやるという意味合いで、私はこういうところに気を付けてきたから、そこは続けていただけるとありがたい」と言い、任期中にやったことの項目を簡単に伝えました。その中には、第2章のケーススタディーその2で出てくる女性活躍推進の取り組みも入れました。後任者もかつて鳥取県庁で副知事を務めた人で、細部は分かっていたので、口頭のみの引き継ぎにしました。

総務大臣を引き継ぐときはメモをいくつか作りました。役所も事務的な引き継ぎ書を作りますが、役所をどういうふうに動かさなくてはいけないのか、という点は役所の引き継ぎ書には入らないので、自分でまとめて次の大臣に渡しました。

役所で働いていたときも、常に引き継ぎはありましたね。後任者にA4用紙1枚ぐらいのメモを渡し、重要書類を綴じたファイルの場所を伝えるという感じが多かったですね。引き継ぎ書の内容に決まりはなく、人によってそれぞれでした。年間のスケジュールに従って主な行事を書く人、部下の人柄や注意点を書く人、対外的に重要な人物の人柄をまとめる人など、様々なスタイルがありました。「税務署にとっては部下の不祥事は致命的ですから、絶対にそういうことがないように目を光らせておいてください」という忠告もありました。

引き継ぎは、受け取める側の受け取り方も重要です。引き継ぎ書を金科玉条《きんかぎょくじょう》として、そこから一切離れないようにする人もいますが、それはそれで問題があります。一方、前任者がやったことは無視してもいい、という考え方も問題です。私のやり方は、前任者から引き継いだことは一応受け止めて頭に入れ、実際にこなすときに一つひとつ「前任者はこうやっていたけれども、本当にそれでよかったんだろうか」と考えながら臨む、というものでした。「このやり方でいい」と確信を持てればその通りにやればいいし、「ちょっと変えたほうがいい」と思ったら変えればいいんです。

私は知事のときは「公正」という言葉、税務署長の後任には、「署員はつらい立場に立つことが多いから、よく励ましてあげてください」というメッセージなど、自分が大事だと思ったことを伝えていました。**前任者が後任者に自分の仕事の内容を引き継がないと、組織としては不経済**です。

あと注意したいのは、自分がそのポストを外れたにもかかわらず、ずっと口出しをする人。あなたはそうならないでください。中には後任者がいちいち前任者に相談しながら仕事を進めるケースもあり、それもどうかと思いますが、相談されたら受け身的に丁寧に教えてあげるぐらいで十分です。頼まれもしないのに、しょっちゅう古巣に顔を出して、ああしろ、こうしろと言うのはやめたほうがいいでしょう。

どんなときでも、今行っている業務を後任者に引き継ぐことを考えていると、日々の仕事が充実します。終活するときに人生を考えるのと同じことです。管理職をいつかは終わります。終わる瞬間を考えて**「立派に引き継ぎたい」と思うことが、質の高い仕事につながる**側面があります。ですから、仕事をしながら、常に引き継ぎ書のことを念頭に置いておくことをおすすめします。私は、後任者から見て、今自分がやっていることがどう評価されるかをいつも気にしています。「もっとちゃんとやっておけばいいのに」と思われそうなら、もう少し本腰を入れて取り組む必要があると考えればいいのです。

一方、前任者から引き継いだときのことを思い起こすと、ちゃんとした引き継ぎをしてくれた人が多かったのですが、中にはいい加減でずさんな人もいました。ふり返ってみると、いい加減でずさんな引き継ぎしかしてくれなかった人は、仕事ぶりもいい加減だったように思います。そのことは自分がその仕事を引き継いでみて、よく分かりました。後任者から絶対にそんなふうに見られたくないので、やはり仕事をしっかり行い、それを踏まえて後任にはちゃんとした引き継ぎをするよう心掛けるべきです。

コラム

上位に入ったけれど、要注意の項目は？

ランキングでは「自分の可能性を信じる」、「鈍感力を身に付ける」という内容が上位に入りました。でもこの2つの項目に私はあまり賛同できませんでした。

まずは、「自分の可能性を信じる」という言葉です。これについては、具体的にはこんなメッセージが書き込まれていました。「自分の可能性を信じること」「常に自分には素晴らしい道が開けていると信じてほしい」「チャンスがあればどんどん上を目指すべきだ」など。でも、私はこれらの言葉を読んで、ちょっと自己啓発本を読んでいるような気持ちになりました。私はときどき書店で自己啓発本をめくってみるのですが、正直、取って付けた感があってピンと来ないんです。「不自然さがあるな」と思えてしまって。「自分の可能性を信じましょう」という表現を聞くと、嘘っぽさを感じます。**もっと肩の力を抜いて自然体でやっていれば、こういう言葉は出て来ないのではないでしょうか。**

「上を目指す」というのは、「もっと大きい仕事をしてみたい」という意味では、当然出てくる感情だと思います。「今、自分が持っている権限の範囲内だったら、ここまでしかできない。より上の立場になれば、もっと広い視野で、思い切った仕事ができるな」と思うものです。「自分の可能性を信じる」うんぬんではなく、そういう考え方を持っていればいいのではないでしょうか。そのうえで、チャンスが自分に回ってきたら挑戦すればいいのです。

次の「鈍感力を身に付ける」については、「全員を満足させることはできない。鈍感力も大事」「周りからの雑音に鈍感になり、自分の仕事に徹する」「全員に好かれようとする必要はない」というメッセージが寄せられました。最近の風潮を反映していて分からないでもないですが、**やや割り切りが過ぎている**ように感じます。そんなに割り切れるものではないですよ。確かに管理職として仕事をしていると、周りから雑音が聞こえてきたり、悪口を言われることはあります。中には誹謗中傷もあるかもしれません。それをいちいち気に病んでいたら仕事になりません。それはその通りなんです。

でも、**雑音や悪口の中に真実もあります。**ですから、それはやはりいったんくみ取ったほうがいいんです。ワンクッション置いて謙虚な気持ちになって、「雑音として聞き流すもの」と「受け止めて傾聴に値するもの」に仕分けする必要があります。あまりしゃくし定規に「全く気にしない」と決めないほうがいいです。自分やチームの仕事を第三者の目で見てもらって、意見を聞くことも大事ですから。

例えば役所の場合、住民から何かクレームが来たとします。こういう場合、クレームが届いた部署だけ改善しようとすることがありますが、それではもったいないんです。「ゴキブリは1匹いたら、背後に100匹もいると思え」といいますが、それと同じで、1件のクレームをきっかけに、全体の改革につなげることもできます。

知事時代、私はそれを実践しました。県庁の窓口にいろいろなクレームが届き、中には公益通報のようなものもありました。担当職員に整理してもらったところ、「これは調べてみたい」という案件がありました。この後の調べ方にこつがあるのです。通報の対象になった部署だけ調べると弊害が出ます。「あの課でこんな通報をするのは、あの人しかいないよね」とかね。まだ公益通報者保護法のない時代でしたが、公益通報者を保護する意味で、無関係の部署を含めた5

カ所ぐらいの部署を調べていました。そうしたら最初にクレームが来た部署はガセネタで、たまたま調べたほかの部署では問題が見つかりました。そんな経験をしてからは、**「これは」と思うクレームが入ったら、最初から全庁を調査するようにし、その結果、大きな行政改革につながりました。**こんなふうに、耳の痛い指摘には宝が隠されている場合が少なくありません。

また、耳の痛いことは、組織の内部から寄せられることもあります。組織の違法行為やコンプライアンス違反に対する批判や内部告発です。これが昨今、自治体や企業で大きな話題になっている公益通報と呼ばれるものです。組織のトップはもとより、管理職はこの問題に対して、公益通報者保護法のルールにのっとって真摯に対応しなければなりません。

通報内容が明るみに出ることで組織全体が信用を失ったり、幹部の誰かを傷つけたりするのを避けようとして、管理職が通報を握りつぶすようなことをしてはいけません。通報が匿名の場合に通報者探しはすべきではなく、通報者を一方的に処分するのもいけません。こうした行為は公益通報者保護法により厳《げん》に禁止され、もしそれに違反すると、状況によっては組織の破綻につながりかねません。管理職になろうとする人は、ぜひこの問題に関心を持つようにしてください。

第2章

私の
ケーススタディー
その1＆2

ここからは、私の管理職としての考え方や行動規範を反映した実例を2つ紹介します。企業の職場でも十分役立つ内容だと思います。

【私のケーススタディーその1「鳥取県西部地震」】

9割以上に反対されたプロジェクトを実現させた7つのステップ

2000年10月6日、鳥取県で阪神・淡路大震災とほぼ同じ規模の地震があったことをご存じでしょうか。当時、鳥取県知事を務めていた私は、地震直後に災害対策本部を立ち上げ、ヘリコプターで被災地の上空から撮った映像を送ってもらい、県庁内の災害対策本部で遠隔で状況を確認しました。がけ崩れなどの大きな被害を目の当たりにし、翌日から毎日ヘリコプターで被災地へ行って避難所を回り、被災者の皆さんの声を聞きました。被災地は中山間地で、多くの高齢者が家を失っていましたから、私は「どうすればいいだろうか」と考えました。私だけではなく、ほかの幹部たちとも手分けして、毎日被災地と県庁を往復しながら、どんな対策を打つべきか、議論を重ねたんです。

避難所では被災者の方に「大変でしょうが、頑張ってください」と声を掛けました。これから復旧、復興していくために、目の前の被災者の皆さんを支えたいと真剣に考えていました。でも、相手の方にしてみれば、75歳にもなって家を失い、知事から「頑張ってください」と言われても、果たして頑張る気になるだろうか、と感じたのです。

被災者の方に「私はもう帰る場所がなくなりました。知事さんは知事公舎があって、家族も無事でいいですよね」と思われてしまう可能性もあるのです。そこでやはりその人の立場に立って考え、「どうしたら、この目の前の被災者を不安や絶望から解き放つことができるのか」と悩みました。

「やはり住む家がないと安心して暮らせないよね」――、これが私が思ったことの1つでした。

避難所ではたくさんの被災者が県外に出ていく相談をしていました。「家が壊れて住めなくなった。東京にいる子どもが『お母さん、こっちに来ればいいよ』と言ってくれているから、行こうかと思っている」と言って泣いている方もいました。「おばあちゃん、本当に東京に行きたいの?」と聞くと、「行きたくないですよ」「ここに住み続けたい?」「そうですよ、一生ここで暮らしたいと思っているし、本当は東京には行きたくない。でも行かざるを得ないですよ。こんなありさまですから」と言うのです。

その方の本心は、「住み慣れた場所に住み続けたい。暮らせる家が欲しいけれど、建て直すお金も気力もない」でした。こういう状態のとき、知事である私ができることは何だろうかと考えたわけです。

数日間、避難所に通ううちに「やはり住む家が一番重要だ」という思いに至り、これが私だけでなく、県庁幹部の間でも共通認識になっていきました。

そして私たちが検討し始めたのが**住宅再建支援制度をつくること**でした。今では全国規模の制度になりましたが、当時は全国どこにもこの制度はありませんでした。この制度の整備に向けて動き出した私たちは、国から「そんな制度をつくってはいけない」と言われることになります。

「住宅再建支援の制度が必要だ」と考えた私たちは、まず国の制度を調べて、既存の法律が活用できないかを探りました。その結果、住宅再建支援に関する制度が存在しないことが明らかになりました。被災者が住宅金融公庫からお金を借りて、住宅を自費で再建した場合に、金利負担を軽減する制度はありました。しかし、その制度を使えるのはお金を借りられる人だけです。自力で建て替える気力も資力も持たない人は借金をしませんから、活用できません。

そこで今度は鳥取県の職員がいろいろな省に電話を掛け、「既存の支援制度の中に、何か使えるものはないか」と問い合わせました。被災体験のある兵庫県や神戸市にも「住宅支援はどうやったのですか?」と聞いたところ、「政府に支援制度を断られた」と言うのです。そんなやり取りを2~3日間続けていたので、国のほうも、こちらの動きを何となく察します。それに、地方自治体には国の人間が出向して働いていますから、そこからも現場の情報が上がっていくんです。

すると、鳥取県庁にファクスが何通も届くようになりました。「（住宅再建支援制度は）絶対やってはいけない。やめろ」「やるべきでない理由は……」「税金をプライベートな財産形成に使ってはいけない」といった内容でした。加えて、政府のいくつかの省庁の幹部から強い口調で「だめだ」とも言われました。「そんなことをしたら鳥取県との今後の付き合い方を考え直さなくてはいかん」というけんまくの人もいたのです。

使うのは国ではなく、県のお金ですから、私たちが国に黙って新制度をつくることは可能でした。でも、国との関係をあまり険悪にしても、後になって困るかもしれませんから、ある程度、理解と納得をしてもらっておいたほうがいいと考えました。そこで、鳥取県東京事務所から東京の省庁宛てに電話を掛け、「地震の被害状況や国への要請を知事が話しに行きます」と説明してアポイントを取ってもらい、急いで飛行機で上京しました。

霞が関でいくつかの省を回り、「かくかくしかじかで」と現場の事情を説明しました。しかし、けんもほろろで「憲法違反だ！」と突き返されました。こちらが「憲法第何条に違反しているのでしょうか。学生時代に憲法を勉強しましたが、住宅再建支援をしてはいけないなんて、どこにも書いていないと思いますよ」と言ったら黙ってしまいましたけれどね。

なぜこんなに反対されたのか。そこには理由があったのです。当時から5年前、阪神・淡路大震災が起きたとき、やはり「住宅再建手当てをしてほしい」という声が被災地から上がったんです。でも政府は「支援したいのは山々だが、私有財産に税金を使うのは、憲法で認められていない」という理由で断ったのだそうです。被災者の要望を政府に伝えたのは弁護士の人だったのですが、「それなら仕方がない」と言って引き下がってしまった。しかしその後に鳥取県が新制度を実現したとなれば、「あのとき政府が言ったことは間違いだった」と認めることになってしまう。それが嫌だったのではないでしょうか。このいきさつは後から知ったことですが、あのとき執拗に「だめだ」と言ってきた人たちは自分たちの立場やプライドを守るために必死だったんでしょう。

とにかくこちらも必死ですから、諦めずに説明して回りました。そして、ある大臣に「住宅再建を支援する新制度をつくろうと思うのですが、官僚の人たちに猛反対されています。大臣のお立場もあると思いますが、どうかここは目をつぶってください」と伝えたところ、「片山さん、あなたの言うことはよく分かります。私は聞かなかったことにするから、あなたがやりたいと思ったようにおやりなさい」と言ってもらえたのです。役所を4つほど回って、20～30人に会いましたが、そう言ってくれた人はたった1人でしたね。そして、夕方、鳥取に戻り、記者会見を開きました。

忘れもしない10月17日のことです。記者会見で「県独自に住宅再建支援をします」と発表したら、被災者の皆さんが一気に元気になりましてね。それまで避難所で元気なく横たわっていた方々の多くが、翌日には避難所からいなくなってしまった。「皆さん、どこへ行ったの？」と聞いたら「工務店探しです」と。

当時、メンタルケアのために何人もの精神科医や保健師に避難所に入ってもらっていたんですが、その人たちが後で言いました。「私たちは無力でした。私たちも一生懸命メンタルケアをやりましたが、知事さんの記者発表が一番のメンタルケアになりました」と。

【9割以上に反対されたプロジェクトを実現させた7つのステップ】

❶リーダーとして高い志を持つ

❷仲間と手分けをして現場に行き、情報を集める
自分1人で動くより、みんなを巻き込んで一緒に動いたほうが、物事の実現が早くなる

❸相手の立場に立って、分かるまで話を聞く

❹優先度の高い問題を確定し、その解決策が既にないか調べる

❺既存の解決策がない場合は、解決策を新しく考える

❻賛同者を募る。反対意見を言う人がいたら、自ら出向いて丁寧に説明する

❼必要な対策を、なるべく早く実行する

【私のケーススタディーその2「女性管理職比率向上プロジェクト」】

誰もやったことがない未踏の仕事を実現させた10のステップ

2つ目のケーススタディーを紹介する前に、1つ、管理職に関する大事なキーワードを提示します。それは「ジェンダーギャップ」です。**日本の職場における女性管理職比率は12・7%**です（企業規模10人以上、課長相当職以上。役員を含む。厚労省「令和5年度雇用均等基本調査」より）。この比率を向上させることが、日本の今の課題でもあります。

その際のアプローチとして「地域ごとに関係する指標を捉えて、地域ごとに改善することで、日本全体の数字を底上げしていけばいいのではないか」と考えた皆さんがいます。それが上智大学教授の三浦まりさんらの「地域からジェンダー平等研究会」で、この会は毎年「都道府県版ジェンダー・ギャップ指数」を発表しています。政治、経済、教育、行政の4分野のデータを分析するこの調査において、**鳥取県は行政分野で4年連続トップ**です。

現在、鳥取県における行政部門のジェンダーギャップも、完全に解消されているわけではありません。でも、ほかの都道府県と比べればジェンダーギャップの解消度合いは断トツです。鳥取県の県庁の男女比率は全国で一番格差が少なく、実際に、女性管理職がかなり増えています。私も、出張で鳥取県から東京に出て来られる管理職の方にお会いしますが、以前に比べると、女性の割合が本当に増え、女性活躍が着実に進んでいると思います。

さて、ここから紹介するのは、私が今から約30年前、鳥取県で総務部長を務めていた頃に始めた、**鳥取県庁内の改革**についてです。一連の取り組みをスタートさせたのは、1990年代初めごろ、私は40歳前後でした。

「鳥取県でどんな秘策を講じたのですか?」とよく聞かれます。でも、私が実践したのは、ごく地道なことでした。普遍性があり、応用も可能です。一管理職が行ったケーススタディーとして読み、ぜひ皆さんの仕事に役立ててもらいたいです。

結果が出るまでにはそれなりに時間がかかりましたし、自分が関われる時間は限られていました。私が改革に手を付けた後、全く違う方針が取られたら元のもくあみになる可能性もあったでしょう。でも、幸運なことに、後任の皆さんもジェンダー格差の解消に熱心に取り組んでくれて、リレーのように長期間継続することができました。

前提として、少しわき道にそれますが、流れを知っていただくために、私のキャリアについてお話しします。キャリアのスタートは自治省でした。当時の自治省職員は入省3カ月後に、ほぼ全員が全国の自治体へ異動になりました。約2年すると自治省に戻り、再び自治体の課長として全国に異動していきます。そして3〜4年後、中央の自治省や他省庁に戻る――、こんなキャリアを歩む人が多かったのです。私は合計3回、地方に出ました。

私が課長を経験したのも鳥取県庁でした。地方課長（現・市町村課長）といって、県内の市町村をサポートする課です。中央で言う総務省のような位置づけの課で課長を務め、それから県の財政課長になりました。一旦、東京の自治省に戻って、1992年に鳥取県に総務部長として赴任したわけです。

総務部長は財政担当部長や人事担当部長など、様々な役割を担います。そこで初めて県庁内の人事を責任を持って行う立場になり、県庁内を見渡し、ある違和感を持ったのがすべての始まりでした。

女性職員も数多く採用されているのに、管理職がほとんど男性なのはなぜ?

県庁では男性職員も女性職員も採用しています。大体、男女比は6対4ぐらいでした。年度によっては、採用した職員の半数が女性であることもありました。少ない年でも全体の3割以上は女性でした。

ところが**管理職はものの見事に中高年の男性ばかり**だったんです。「これは一体、どうしてなのだろうか」と思いました。

また、外部の方からの指摘もありました。私が総務部長になったときに韓国から国際交流員という人を迎える日韓交流プログラムがあったんです。当時の自治省と外務省、文部省が共に進めるプログラムで、韓国の優秀な若者を呼んでいくつかの県に配属するもので、鳥取県にも、日本語を完璧にマスターした、大学卒業後間もなくの方が来られました。何かにつけて不案内ですし、心配なこともある、ということで私は月に一度は面接して「どうですか？　困ったことはないですか？」と聞いていました。

数カ月後、その方が「総務部長さん、私、申し上げたいことがあります」と言うのです。「今、配属されている国際課には男性も女性もいて、女性のほうが優秀だと思うのですが、主な仕事は男性しかやらせてもらっていません。これっておかしいですよ。性別に関係なく、平等に仕事ができるようにしてあげてください」と言われました。大学を出たてのフレッシュな視点を持つ人ならではの指摘だと感じ、「分かりました」と答えました。

自治省の管理職も男性ばかりで、その光景を見ても「変だな」と感じていましたが、当時の自治省は女性をほとんど採用しておらず、女性の管理職がいなくても仕方がないという背景がありました。それに対して**「県庁は女性職員をたくさん採っているのに、なぜ管理職はほぼ全員男性なのか」**と不思議に思い、原因究明のために「女性を管理職にしないというルールがあるのか」と人事課長や人事課の人たちに聞きました。すると男性職員から「管理職の適任者を吟味すると、どうしても男性を選ぶことになるんですよね」「どう見ても男性のほうが仕事ができるんですよ」「女性は県庁の管理職の仕事には向いていない」と一生懸命、説明されました。

私は自治省で国際交流の仕事を担当し、自治体間交流や姉妹都市との交流支援などを手掛けていました。そこで外国の自治体や政府の皆さんと会うこともよくあり、相手の管理職が女性であることも多かったんです。特に欧米諸国の管理職は女性が多かった。なので「女性は自治体の管理職に向いていない」というのは世界を見渡すと全く当たっていないのです。そこで、男性職員の主張を聞いて「それはちょっと違うんじゃないの?」という違和感を持ちました。**「男性しか管理職をやっていないというのは、何か構造的な問題があるはずだ」**と思ったわけです。

人事考課の評価カードも見せられました。評価がA～Dの4段階だとしたら、男性職員の評価はAやB、女性職員はCやDが多かった。課長になる適齢期の人を比べるときにこの結果を見ると、男性を選んでしまう、と言われました。

でも、私はそれを見ても「そうかな?」と釈然としませんでした。これはもっと究明の余地があると思い、さらに細かく丁寧に実態を分析することにしました。

片山流「女性だから庶務係」の慣行を覆す取り組み

①自分の「違和感」に忠実に

「組織に問題があるのでは」という感覚を研ぎ澄ます
疑問を持ったら、納得がいくまで事実を調べる具体的に何をどう分析したかというと、まず、一人ひとりの職員が、採用後、どの課に配属されて、何係を担当させられているかを細かく見たのです。すると、こんなことが分かってきました。男性も女性も2〜3年置きに職場が変わります。しかし、**女性はほぼすべて庶務係**を割り振られていることが分かりました。税務課、財政課、広報課、企画課、都市計画課など、様々な課に配属されても、女性職員はどの課でも庶務係。男性はというと、庶務係はあまりなく、道路課であれば用地買収、税務課であれば、税の賦課徴収など、企画課なら県の計画を作るといった実質的な仕事を担当していました。

庶務係も大事な役割です。給与計算や超過勤務の確認、出張旅費の支給などを庶務係がこなしてくれなければ組織は動きません。しかし、2〜3年して別の課に異動しても女性は再び庶務係になる確率が高かった。何回異動を経験しても庶務係。こんなことばかり続くので、そのうち庶務しかできなくなってしまうのです。給与の計算には非常に詳しい、出勤簿の整理もうまい。でも、用地買収、課税、予算案作成となると、経験を積んでいませんから当然できないわけです。

そんなふうにキャリアをスタートした女性職員がいたとして、20年後どうなるか。都市計画課長、税務課長の次の候補者を考える場合、庶務の経験しか持たない女性職員は選ばれません。「議会答弁も無理だよね」となってしまう。

キャリアを細かく調べ、「つくられた能力差」を明らかに

多彩な経験を積んでいる男性と庶務の経験しかない女性を比べたら、明らかに能力差が出てしまいます。男性は大きな仕事をする過程で県庁の内外でいろいろな人と知り合えて、ネットワークも手に入れられる。管理職になってから仕事がしやすいわけです。この状態で「ではどちらを管理職にするか」といえば、男性を優先するに決まっています。こうした状況をつくっておいて「県庁の仕事は女性には向いていない」というのは明らかに偏見です。**これはジェンダーの違いに基づく能力差ではなく、つくられた能力差。**いろいろな経験を積む機会を与えられた男性と、経験を制約された女性がいて、10～15年たてば、どうしても能力差が出てしまいます。

これを解消しなければならないと考え、人事課長や人事課の担当者と話して、女性に庶務ばかり担当させるという慣行をやめることにしました。女性も男性も庶務を経験するし、庶務以外の仕事も経験するようにしよう、と。しかし、一度決めてしまえば事態は自然と解決に向かうだろうと思ったのですが、次の人事異動を見ても、多くの場合、また女性が庶務係に割り振られていたのです。

私はだまされたような気持ちになって、人事課に「あなたたちは何をやっているんだ」と問い詰めると、「係を決めるのは各課の課長ですから」と言われました。配属する課を決めるのは人事課でも、係を決めるのは各課の課長だったんです。私は言いました。「分かった。次の人事異動のときは、人事課が、各職員が課内で割り振られる係までチェックしなさい」。人事課が係まで決めるのは難しく、それは現場に任せるべきです。でも、任せっきりにしてしまうと女性が庶務係になってしまう。だから、最終的な配置を確定する前に、人事課に配置案を届け出てもらうことにしました。その結果、やっと、性別によって庶務などの特定の係に偏りが出ることがなくなりました。

現場はその後すぐに変わりました。提出された配置計画の段階で、既にだいぶ変わっていました。人事課が次年度の人事異動の方針を説明する場で、「総務部長は本件に非常にこだわっているから、昔通りにやっていると呼びつけられますよ」と口やかましく伝えてくれたこともあり、「今まで通り、女性を庶務係にばかりしていたらまずいな」と感じたようです。

これを実践しながら2～3年置きに人事異動を行っていくと、女性で庶務以外の経験を積む人が増えてくるわけです。何回か人事異動を経て30代になるとかなり経験豊富な女性が出てきた。こうして、つくられた能力差が徐々に解消していきました。

片山流「女性だから庶務係」の慣行を覆す取り組み

②過去の記録、データを冷静に分析する

「たぶんそうだろう」といった思い込みや推測を捨て、自分の目で記録やデータを見て、事実を確認し、考察する

③PDCAサイクルを回す

仕組みや決まりをつくるだけでなく、結果が伴っているかどうかをチェック。思った結果が出ない場合は原因を調べ、結果が出るまで対策を打ち続ける

実力を公平に評価し、順当な人事で女性管理職を増やした

こうして一つの下地をつくったわけです。総務部長を3年ほど務めた頃には女性職員がだいぶ育ってきて、「この職員は次は係長だな」「課長補佐になれるね」という人材も出てきました。そういう女性たちの実力を公平に評価し、順当な人事を行って、女性の係長や課長補佐を増やしました。そして一旦東京に戻り、3年半ほど自治省で仕事をした後、99年に鳥取県の知事になりました。自らなろうと思ったわけではなく、「知事選に立候補してくれ」と熱心に言ってくれる人がいたのです。

県知事になるというのは、それまでのキャリアとは大きく異なるように見えるかもしれませんが、自治省の先輩には知事になる人もいたので、キャリアの選択肢の一つではありましたね。「(自分にも)そういう機会があるかもしれないな」と。選挙に出ることは家族みんなに反対されました。6人の子どもの中には鳥取に転校しなければいけない年齢の子どももいましたし、「もし(選挙に)当選しなかったらどうするの?」と。

そんなこともありましたが、挑戦して無事に当選。知事になって県庁の様子を見てみると、総務部長時代に行った施策がかなり定着していました。「女性だから庶務」という慣行はなくなり、女性の課長も数人いました。うれしかったのですが、「まだ数が少ない」と感じたのも事実です。県庁内に少人数ですが女性の管理職の会があって、就任時に歓迎会をしてくれましたよ。「私たち、頑張っています。知事さん、また応援してください」と言って。

なんでこんな話をするかというと、2期8年、知事をやった後にまたこの会が慰労会をしてくれたのですが、その場は、私の慰労会であると同時に、女性管理職の会の解散式でした。「女性の管理職が珍しくなくなって、会を続ける意味がなくなった」と。今の鳥取県を見ると、女性管理職比率はさらに上がっていますね。（＊）

＊2025年4月1日付の人事で鳥取県の女性管理職比率（学校教員を除く教育委員会、警察本部などを含めた県全体の管理職に占める女性の割合）は26・6％

中枢の部署の人事改革に着手

知事になってから着手した施策についてお話ししましょう。

総務部長のときに敷いたレールの上を進んではいましたが、「もう少し加速させたい」と考えました。まず、**男女の固定的役割観念を解消しよう**と思ったんです。やはり、「重要な仕事は女性には無理」といった固定的役割観念がありました。

さて、県庁の中でみんなが重要だと思っているような仕事の一つは、予算編成です。どの課も予算を立ててお金を取って来なければいけません。その予算を付けてくれるのが財政課。そこに行って予算の要求書を提出して、査定をしてもらうわけです。国で財務省が力を持つのと同じように、県の予算の編成や執行をつかさどる課ですから、県庁では大きな権限を行使しているわけです。この財政課が男性ばかりでした。予算編成担当は全員男性。女性は庶務係が1人いるだけでした。「予算を編成するような重要な仕事は男性にしかできない」という役割観念があったわけです。これを変えようと思い、**約20人の予算担**

当者の3割を女性にするという目標を掲げました。

でも、すぐには達成できません。これが結構大変でした。

片山流「女性だから庶務係」の慣行を覆す取り組み

④ 常に新たな目標を掲げる

目標を1つ達成しても満足しない
さらに高い目標を設定し、達成を目指す

男性組織の鳥取県庁を根本から改革一番変わったのは男性の意識

男性職員ばかりだった財政課はきつい職場で、冬場は連日残業。徹夜に近い働き方もしていました。他部署の課長などを相手に「そんな予算は通りませんよ」と激しくやり合うこともしょっちゅうです。財政課は課長補佐級ないし係長級と一般職員が２人１組で仕事をするのですが、相手はみんな他部署の課長以上。つまり、目上の人を相手にした交渉がほとんどです。ですから、ある程度、経験があったほうがいいですし、腹が据わった人でなければいけない。

そこでまずは財政課で働ける力を持った女性職員の選定から始め、「この女性職員なら財政課でもやっていけそうだ」というリストを出してもらった。

そして、**財政課の体質の変革**に手を付けました。長時間労働が当たり前という働き方は、男性職員にとってもきつい職場だったんですよ。共働きで子育てをしている職員に財政課は務まらないという考え方もあって、当時、既に男女ともに共働き家庭が増えていたにもかかわらず、財政課で働く男性は大体専業主婦世帯の夫でした。

また、他部署に節約を指示する部署であることもあり、「私たちが無理してでも少人数で頑張っている姿を見せるんだ」とやせ我慢をして、必要な人数を配置していないことも分かりました。みんなの模範になろう、という意識があったのでしょう。それをやめようと言って、予算編成の担当者を増やしました。

さらには、冬場に集中していた業務を夏場に分散させて平準化させました。予算要求書を処理して査定書を作る際には膨大な書類を作ります。一度、予算編成をすると、部屋の中にピラミッドができるのではないかというほどの紙が溜まるんです。1、2回しか見ないのに紙の無駄ですよね。なので、まずはペーパーレスにして、デジタル化を取り入れるなど仕事の進め方も変えた。これらの取り組みを約1年かけて行いました。

予算を全部デジタル化したことで、事務を相当軽減できました。夏場に仕事を移すこともできました。もちろん残業がすべてなくなったわけではありませんが、1年前と比べればかなり軽減できました。不要な書類作りも減らし、「条例で決まっている」「予算がついている」といった理由で続くつまらない仕事も止めた。また、多くの条例を変え、権限を委譲して、ある程度の決裁を現場で判断できるようにしました。これも職員の勤務時間の軽減につながりました。

こうして女性職員を受け入れる体制を整え、係長クラスと一般職員の女性を4〜5人配属しました。一般に財政課に配属されると3年は異動しません。中には3年を待たずに他の課に移った職員もいましたが、皆さん総じて頑張ってくれました。そうしてどんどん財政課の予算担当を経験する女性を増やしていきました。また、財政課から一旦別の部署に異動した女性職員を、後年、課長補佐クラスで財政課に戻すことも始めました。私の知事の任期8年間で、財政課の女性職員の数はかなり増えました。

片山流「女性だから庶務係」の慣行を覆す取り組み

⑤ 例外はナシ。「ザ・男性社会」という組織（聖域）を根本から改革する

伝統や慣習に流されない。単純に女性を増やすのではなく、組織の根本的な課題を洗い出し、必要な業務改善をすべて実施し、性別に関係なく、誰もが無理なく働ける職場をつくる

「こんな難しい予算を女性にさばけるわけがない」

こうした施策がとにかく男性職員の意識改革につながりました。最初、他の課の男性課長などは「女性に物事を頼む」こと自体を極度に嫌がっていました。「この予算をつけて

ください。よろしくお願いします」と、年下の女性を相手に頭を下げることへの心理的抵抗がとても強かったのです。

後日、よその部の男性課長が教えてくれましたよ。「課長として財政課に予算要求書を渡すとき、相手が男性であれば、その人が年下であっても『これお願いね』と言えます。でも、相手が女性で、まして年下だと、とても言えなかった。だから横を向いて要求書を手渡していました。『こんな難しい予算を女性にさばけるわけがない。知事は何を考えているのだろうか』と思っていましたしね。でも、女性職員たちは要求をしっかり受け止めて、かゆいところに手が届くような査定をしてくれて、全然問題がないどころか、男性ばかりだった頃とはまた違った視点でしっかり見てくれることに気付きました」と。当たり前のことなんですけれどね。これが一種の成功体験になり、徐々に男女の固定的役割観念が解消され、財政課で女性が働くことが受け入れられていったわけです。この取り組みにより、非常に重要な効果を挙げられたと思います。

女性側の意識にも変化が見られました。多くの女性が最初は「財政課の仕事は、私には無理」と思っていたようでした。でも、次第に財政課で働く女性の意識も、財政課とやり取りをする他部署の女性側の意識も変わっていきました。でも、**一番変わったのは男性**でしたね。

全員男性だった秘書課を、全員女性に

もう1つの中枢部門の改革対象は秘書課でした。知事になったとき、課長、課長補佐を入れて秘書課は男性が5人。1人だけ女性職員がいましたが、お茶出しや電話番でした。実は以前から「秘書課長は要らないな」と思っていたので、知事になってすぐ課長職をなくしました。課長という存在が、知事室のバリアになると感じていたんです。私の感覚では、幹部にもなれば「知事さん、今空いてます?」「空いてますよ」と言って、そのまま知事室に入って具体的な相談をするというような柔軟なコミュニケーションが効果的だと思っていました。でも、間に秘書課長が入ると、いちいち恭《うやうや》しくお伺いを立てなくては知事に自由に話しかけられず、もどかしい。自分自身が財政課長や総務部長のときにそう感

じていました。

そこで秘書4人、庶務1人の5人体制にし、「男女共同参画だから」といって**秘書の半数である2人を女性に**しました。しかし、ここで新たな問題が浮上しました。知事を訪ねる人たちが、みんな男性の秘書にしか仕事の話をしないのです。「知事の決済が欲しい」「知事にアポイントを取りたい」という相談をすべて男性秘書に持っていく。ここでも固定的な性別役割観念があったのでしょう。その結果、男性秘書は忙しくなり、女性秘書には不満がたまっていきました。

毎日、午後5時前に秘書と知事とで1日の振り返りをしていましたが、その場で女性秘書からこんな報告を受ける日が続きました。「今日は銀行の頭取が来ましたが、男性秘書が出払っていて、私たちしか部屋にいなかったんです。頭取は入ってくるなり、『今日は皆さんお出掛けのようですね。また来ます』と言って帰っていかれました」と。こうした事態を打開するために、翌年4月の定期人事異動で、**秘書室5人を全員女性に**しました。治安維持のために、従来は車庫で待機していた知事・副知事の運転手に、秘書課で座って仕事をしてもらうようにしました。その結果、来客も職員もみんな、女性の秘書に用件を頼むようになりました。

女性職員が庶務以外の仕事も幅広く担えるようにするという地道な改革に加えて、組織の中枢部門から一気に固定的役割観念を解消する。この2本立てでやったのが重要だったと思います。

男女共同参画実現のためにクオータ制を導入

さらに、人事課の人事係も男性職員ばかりだったので、そこに女性職員を入れるようにしました。

県庁の中だけではなく、外部の人に委員を委嘱する委員会もたくさんあり、ここも「男女共同参画にしよう」と議会と相談して是正方針を決めました。それまでは、地方労働委員会や人事委員会、教育委員会、公安委員会などの委員に就くのは男性ばかりでした。男女共同参画推進条例を議員立法でつくり、その中で、**委員会や審議会の委員は男性も女性もいずれの性も4割を下回らない、**という文言を入れました。

これを実行に移そうとしたところ、「委員にふさわしい女性が見当たらない」という声が県庁内から出ました。「どうしてもいないというなら、自分で探すからいいよ」と突き返したところ、「見つかりました」と言ってすぐ候補を出してきましたね。苦労したのは、県警本部長や気象台長、国立大学の学長など、参加者が法律で定められている防災会議でした。法律に従うと委員がすべて男性になってしまう。そこで、女性を増やす工夫として、新たに看護協会の人を入れるなどしました。あれは変則的なクオータ制です。放っておいたら性別の偏りが出てしまう場合、クオータ制を入れるのは効果的でしょう。

私は、鳥取県に総務部長として赴任したとき、「なぜ女性も採用しているのに、管理職がみんな男性なのだろう」という疑問を抱きましたが、「この疑問はすべての人が持つものではないのでは？」と聞かれることがあります。仮に疑問に思っても問題を見て見ぬふりをする人もいるかもしれません。なぜ私は、現場のジェンダーギャップに気付き、そこにメスを入れなければならないと感じたのでしょうか。

片山流「女性だから庶務係」の慣行を覆す取り組み

⑥どうしても男女差別が生まれる場合は、全メンバーを女性にする

⑦必要な場合はクオータ制を導入する

職場のジェンダーギャップを看過しなかった理由

私には娘が2人います。知事になったときは2人とも大学生で、「社会に出たらこんなことをやりたい」と言って一生懸命勉強していました。いざ彼女たちが社会に出たときに、組織の補助的な役割や従属的な仕事しかさせてもらえないとしたら、きっと娘たちは無念だろうな、といつも思っていたのです。自分の娘に対してそう思っていましたから、すべての女性職員に対して同じ思いを抱くわけです。**男性だからという理由で活躍の機会を与えられて、女性だから機会を与えられないというのは、いくら何でも不公正**ですよ。

もう1つは、**県庁の組織の力を遺憾なく発揮させなくてはいけない**という思いがあったからです。職員の人数は限られています。組織の半分弱を構成する女性が、本来は能力を持っているのに、それを発揮する機会を与えられず萎縮させられているのは、大きな損失です。

女性、男性など様々な人の視点が入ることによって、よりバランスの取れた議論が可能になります。社会を構成する様々な属性の人たちがみんなで集まって、社会を切り盛りするルールをつくったり、方針を決めたりすべきなのに、男性だけで決めていたらいびつになりますよ。

「女性にだけ下駄を履かせるのか」への反論の仕方

今、女性向けの研修や女性管理職の積極的な登用をすると、「女性にだけ下駄《げた》を履かせるのか」「女性優遇は男性への差別。憲法違反だ」といった発言が上がる場合があると聞きます。または、「多様性の時代なのだから、女性ばかり優遇するのはおかしい」という意見もあるようです。

私は「女性ばかり優遇する」という問題の設定がピンと来ないんです。鳥取県では女性を優遇したわけではありません。女性が庶務係にばかりならないように人事配置を調整するなど、不当にチャンスへのアクセスを閉ざされていた人たちのバリアを取り除いて平等にしただけです。そこから先は本人の実力で公平に評価したら、女性も男性も管理職に上がるようになった。だから、女性を優遇したという意識は全然ないんです。

あと、確かに私も「女性ばかり優遇する」というセリフを耳にしましたけれど、**男性は今まで見えない下駄を履かされてきた**んですよ。権力に近くて、力を持っている人は知らず知らずの間に下駄を履いているんです。その下駄を脱いでみなさいよ、と。

女性が財政課で働くようになったときに、男性職員から反発されるケースもありました。感情的に反発されることもあった。一緒に飲んだときに「変じゃないですか。なんで私が年下の女性に予算をつけてくれと頼まなければいけないんですか?」と。

そんなときは「あなたの娘さんが県庁に入ってお茶出しばかりやらされていたらどう思う? 『よかった』なんて思いますか?」と。すると「そうですよね」と納得してくれました。

現職の商工労働部長が育児休業を取得する「大事件」

日本社会のジェンダーギャップを解消するために、特に男性に向けてメッセージを伝えたいです。共働き世帯であっても、子育てや家庭の仕事、近所付き合いなどを女性が担っていることはいまだに多い。県知事時代には、男性職員に「地域社会で1人1役を」「家庭の仕事をもっとやろう」と呼び掛けていました。「これだけ女性が社会進出しているのだから、今まで通り家庭の仕事も全部女性が引き受けていたら女性は二重苦、三重苦になってしまう。だから、**男性は家庭内進出しよう**」と。

県庁では異動希望や家庭の事情など、職員が自分の状況や希望を書いて年に1度提出する、身上申告書があります。その身上申告書に新しく欄を設けて「社会に1人1役運動」として、「地域社会であなたは何かやっていますか？　何か役割を果たしていたら書いてください」と伝えました。初年度は空欄が多かったですが、翌年から、消防団や子どもの少年野球の指導者、県の書道連盟の理事など、書き込む人が増えてきました。

そうした様々な活動の結果、県庁内の男女共同参画の機運は盛り上がってきました。でも、男性が育児休業を取得する点については、その段階でもほとんどありませんでした。男性の育休取得がなかなか進まず、「どうしたものか」と思っていました。そんな状況を大きく変えるインパクトがあったのが、**現職の県商工労働部長が県議会中に育児休業を取得**したことでした。

県庁には「何があっても県議会を最優先に」という考え方があったので、それまでそんなことはあり得ませんでした。

商工労働部長の育休中は上司の私と、部下の商工労働部次長が議会答弁を行いました。その人は東京から赴任してきた若手で、現在は佐賀県知事をしています。「3人目の子どもが生まれるんです」と報告に来たので、「よかったね、ぜひ育休を取ってね」と言うと、「出産予定日が12月の県議会中で、どうしようか迷ってるんです」と。「そりゃ、休むしかないだろう。議会には僕から断りを入れておくし、その間はみんなでカバーするから」と言い、その足で議会に出向いて議長に彼が育休を取ることを伝えました。「商工労働部長が12月、県議会を休むけれども、勘弁してやってください」と。

やや気難しい人だったので、ひょっとしたら「議会軽視だ！」とか言われるのかなと多少心配していたんですが、議長の言った次の言葉が私は今でも忘れられません。「分かりました。条件が1つあります。商工労働部長が育児休業を取ったときの体験談を、育休後の県議会の本会議で発表させてください」と。実に気が利いていると思いましたよ。今から約20年前の話です。2月の県議会で育休後の彼が議場で育休中の子育ての様子や家庭を切り盛りした話を発表したときにはマスコミの注目の的となって、地元紙は1面にカラーで記事を掲載しました。「県庁の部長が育児休業を取っているんだ。取ってもいいんだ」というメッセージが伝わり、県庁職員はもとより、県内全体に「男性が育児休業を取って育児を行ってもいいんだな」という雰囲気ができていったのだと思います。少なくとも庁内の男性育休取得率は一気に上がりました。

家庭に悩みがあったり、育児や介護など大変なことを抱えていると、なかなか仕事に身が入りにくいですから、育児休業を取ることは大事です。

片山流「女性だから庶務係」の慣行を覆す取り組み

⑧ 数合わせではない、改革の根本的な目的を常に意識する

目的は「女性を増やす」ことではなく、「ジェンダーギャップを解消し、組織の生産性を最大限に伸ばす」ことと心得る

⑨ 男性育休の取得を本気で支援する

日本の企業も、あと10年で大きく変わる

世界経済フォーラム（ＷＥＦ）が毎年発表する日本のジェンダーギャップ指数は、２０２４

年の最新データでは146カ国中118位と非常に低い状態ですが、これからはだいぶ情勢が変わると思います。機関投資家などが投資先を見て、取締役の構成が高齢男性ばかりの場合は投資しない、取締役に女性がいない企業の会長や社長の選任には同意しないといった姿勢を示し始め、コーポレートガバナンスコード（企業統治指針）も浸透してきています。それに合致するような取り組みを各企業がするので、曲がりなりにもジェンダーギャップを解消する方向に進んでいくはずです。

25年1月、米国で第2次トランプ政権が始まり、反DEI（ダイバーシティ・エクイティ&インクルージョン）の波が起きていますが、米国と米国以外の国々では状況が異なります。特に、多様性推進で大きく後れを取っている日本は、今後さらに本腰を入れてDEI推進を加速させるべきでしょう。

日本の企業の中には、社外取締役の女性を1人入れて、「これでOK」と思っている経営者もまだまだいます。でも、真面目な企業の経営幹部たちはちゃんと考えていると思います。社外取締役がやいのやいの言うことも大事です。私は23年6月まで、ある企業の社外取締役をやっていました。そこで男女共同参画については、同じく社外取締役の元ＮＨＫニュースキャスターの国谷裕子さんと一緒に「幹部に女性を増やそう」「女性の取締役や監査役を増やそう」としつこく言い続けて、ある程度改善しました。その企業で私は７年間、社外取締役を務め、今では監査等委員である取締役のうち４分の１が女性になっています。そのうち１人は生え抜きです。

日本企業で女性社員がなかなか増えない、人材が足りないという声が聞こえてきます。これはどのあたりに問題があるのでしょうか。私が社外取締役を務めていた企業もそうでしたが、業種、職種によっては採用の段階で長らく女性社員が少なかった企業もあったと思います。そのような企業では女性を管理職や役員に引き上げようとしても、そもそも候補になる人がほとんどいない、ということも実際あるでしょう。そうした企業でも**あと10年で様子が変わる**と思います。

全員が能力を発揮している組織と、発揮できない人がたくさんいる組織。どっちが強い？

日本社会にはジェンダーギャップが存在しています。にもかかわらず、ジェンダーギャップに気付かない人、もしくは、気付いていても見て見ぬふりをしている人はいると思います。そういう人たちにジェンダーギャップ解消を自分事にしてもらうためにはどうすればいいのでしょうか。

企業は、最近特に、企業価値をどうやって高めていくかを一生懸命考えていますから、**「いまや男女共同参画に取り組んでいない企業は企業価値を損ねていますよ」**と伝えるのが分かりやすいメッセージになるのではないでしょうか。女性管理職比率が高い企業のほうが、ＰＢＲ（株価純資産倍率）が高い傾向があると、日本経済新聞にも載っていました。企業以外の組織も同じだと思います。

メンバー全員が能力を発揮できている組織と、発揮できない人がたくさんいる組織。**ど**

ちらのほうが強い組織かは一目瞭然です。組織を構成する人の半分が女性だったとして、その一人ひとりの女性たちが能力も意欲もあるのに、女性だからといって補助的な業務にしか就けない。重要な仕事はすべて男性がやる。そうした組織では、女性たちはせっかくある能力や意欲を発現したり、還元したりして、組織に貢献する機会が得られないわけです。本当にもったいないです。少なからぬ人たちが萎縮しながら働いている組織より、全員がのびのびと闊達に仕事をしている組織のほうがよっぽどいいに決まっています。今は人手不足で、みんな一人ひとりに最大限に能力や意欲を発揮してもらわなければいけない時代ですよ。女性本人にとっても「女性だから」といって押さえつけられるのは、とても悔しいことです。せっかく勉強してきて、自己実現をして、社会貢献をしようと思っているのにその機会が得られないのですから。忖度やタブーを取り除き、女性、障害者、外国人、高齢者、育児や介護との両立者など、様々な属性を持った人たちが臆せずに働ける環境を整えることが大事です。

私は組織のトップを経験する中で、**どうすれば組織がその組織の価値を最大限に発揮できるか**をずっと考えてきました。**組織のトップや経営者の役割とは、人材一人ひとりが、存**

分に活躍できる環境をつくることだと思うのです。何かタブーがあったり、女性だからといって押さえつけられたり、能力のない人が威張ってみたり……、そんなことが起きている組織は伸びません。

日本は国際的に見ても生産性が低いと言われます。組織や企業の生産性を上げていくためには全員に持てる能力を遺憾なく発揮してもらうのが一番です。社内の派閥争いや足の引っ張り合いなどのくだらないことに気を使ってばかりいると生産性は落ちます。

こう考えると、女性活躍推進も、企業の生産性向上もシンプルで簡単なことです。県で働いていたときも、「せっかく優秀な女性を採用しているのに、なぜ庶務に押し込めているんだろうか。なぜ人材の能力を発揮させず、もったいないことをしているのだろうか」と思ったことが変革のきっかけでした。

様々な企業で女性活躍の推進に取り組む部署で働く人からは「なかなか目に見える結果が出ない」「現場の管理職から『女性活躍を進めて、利益が出るのか?』といった反発がある」「『社内に男女差別はない（実際はあるのに）』という声がある」「女性社員に『管理職になりたくない』と言われる」といった悩みが聞こえてきます。

そんな人たちに伝えたいのは、**変革の過程は試行錯誤の連続**であることです。目に見える成果を求めて、性急に物事を進めようとすると、往々にして失敗したり、息切れしたりします。目標を定め、ある程度長いスパンでじっくり構えることが、かえって急がば回れのいい結果につながるのだと思います。

「女性活躍で利益が出るのか」という批判に対しては、では今の男性中心の組織が企業価値を最大にしているのか、その根拠は検証されているのか、と問うてほしいと思います。管理職になりたくない女性を無理やり管理職に登用することは控えるべきです。そうではなく、今の管理職の仕事内容をよく分析し、必ずしも会社の業績につながらないような慣行的業務、例えば飲み会やゴルフなどの付き合いをできるだけ省いた管理職モデルに変換して、こういう管理職スタイルならどうかと女性職員に持ち掛けてみるのもいいと思います。

男女のジェンダーギャップは、人権問題の視点から捉えてきた面が強いです。これはとても重要ですし、これからも重要です。それに加えて、企業や組織における生産性向上、役所における公務効率の向上という面から考えるとまた違った面が見えてくると思います。わが国が生産性向上という今日的な課題に対応するためにも、皆さんが働いている企業や組織でも、ぜひジェンダーギャップ解消に努めていただきたいと思います。その際に、私が実践してきた、地道で息の長い取り組みが、何がしかの参考になればとてもうれしいです。

片山流「女性だから庶務係」の慣行を覆す取り組み

⑩社会の流れを把握し、社外からのプレッシャーを活用する

片山流「女性だから庶務係」の慣行を覆す取り組み

【誰もやったことがない未踏の仕事を実現させた10のステップ】

❶ 自分の「違和感」に忠実に
❷ 過去の記録、データを冷静に分析する
❸ ＰＤＣＡサイクルを回す
❹ 常に新たな目標を掲げる
❺ 例外はナシ。「ザ・男性社会」という組織（聖域）を根本から改革する
❻ どうしても男女差別が生まれる場合は、全メンバーを女性にする
❼ 必要な場合はクオータ制を導入する
❽ 数合わせではない、改革の根本的な目的を常に意識する
❾ 男性育休の取得を本気で支援する
❿ 社会の流れを把握し、社外からのプレッシャーを活用する

まとめ

―私が思う「管理職としてすべき6つの仕事」―

私が管理職になってよかったと思う理由はいくつもあります。一例を挙げるとすれば、**自分以外の人の立場に立って「今、相手はどう思っているだろう」と考える習慣や、複眼的なものの見方を身に付けられた**ことです。管理職になる前はあまり意識しませんでしたが、自分が部下だったときの気持ちを思い出しながら部下の気持ちを考えるようになり、上司の気持ちも分かるようになりました。例えば管理職になる前は、「この仕事を君たちのチームでやってほしい」と言われても「今ある仕事だけで手いっぱいですよ。別のチームに依頼してください」と思う場面もありました。しかし、管理職になった後には、「どのチームも精いっぱいやっていて手が足りない中、上司は私たちのチームを信頼して任せようと言っているんだ」という気持ちが分かるようになりました。管理職にならなくてもこうした考え方が身に付いている人はいるかもしれませんが、私は管理職を経験したことでより深く考えることができるようになったと思います。

約30年の管理職経験を振り返って、いろいろ学んだなぁと思います。本書では、あまり詳しく自分の家族について触れませんでしたが、ここで少しだけ紹介します。

私には6人の子どもがいます。現在、一番上が48歳、一番下が34歳です。私が25歳から39歳の間に生まれたので、27歳から管理職を始めたことを考えると、6人の子どもを育てながら、管理職の仕事をしてきたことになります。私や妻の両親に育児を手伝ってもらっていたわけではなく、夫婦2人でどうにか切り盛りしました。

早く帰宅できた日の子どもたち6人のお風呂係は、私の担当でした。子どもたちが赤ん坊の頃から、小学校低学年になるまでずっとです。つまり、子どもを早く寝かせるためにも、私はできるだけ早く帰宅する必要があったわけです。こうした個人的境遇もあって、長時間労働はやめたかったという事情もありました。

霞が関は夜遅くまで仕事をしがちですが、できるだけ午後8時には職場を出て、9時前に家に到着するようにしました。帰宅するとお風呂場に急ぎ、子どもたちを順番にお風呂に入れるんです。6人の子どもたちに鍛えられて、赤ちゃんの入浴ケアはプロ級の腕前になりました。「片山式赤ちゃん入浴法」として新聞のコラムに書いたところ、当時皇太子だった今の天皇陛下がそれを目にされて、皇居でお目に掛かったときに「片山さん、新聞で読んだのですが、今一つこつが分からないので教えてもらえませんか」と聞かれたこともあります。

当時は、私もまだ夜に国会待機をしていた時代です。質問が来たために仕事で遅くなり、深夜に帰宅することも少なくなかったのですが、11時まで待機して空振りになったこともよくありました。ですから、管理職になる前から「国会待機は無駄だよな」とずっと思っていたんです。私だけではなく、これはみんな思っていたはずです。かといって当時の私はまだ管理職ではありませんでしたから、「これは無駄ですからやめませんか」と上司に持ち掛けることは難しかった。だから管理職になって、自分で見通しを立てられる立場になって、質問が来ないと想定される日は勇気を出して「今日は帰ろう」と判断したんです。

これだけでなく、部下として働いているときに「これは嫌だな」「可能なら、これはやめたい」「変えたい」という「職場の違和感」を心の中にためていたことを、管理職になって以後、一つひとつ実現していった感じです。

ではここで、私が思う「管理職としてすべき仕事」をまとめてみたいと思います。

【私が思う「管理職としてすべき仕事」】

❶チームや課のミッションをみんなで考えて、共有する
❷大どころを押さえたら、部下に仕事を任せる
❸部下一人ひとりが能力と意欲を遺憾なく発揮できるように目配りする
❹自分やチームの仕事を減らす
❺先のことを考える（次にどんなポジションに就く可能性があるか。そこに移ったら、何をしたいかに思いを馳せる）
❻人材配置と予算配分を適正に行う

ただし、私が最初からこの6つを完璧にできたかというと、もちろんそういうわけではなく、徐々にできるようになった感じです。初めて管理職になったときはとても不安でしたね。27歳で税務署長になったとき、税に関する心得はあっても、地方税に関する仕事の経験しかなく、国税の仕事に携わるのは初めてでした。それに、それまで所属していた人事の系統と全く別の場所に行ったわけです。見ず知らずの人たちとチームを組んで、トップに立って組織を率いることへの不安もありました。幼稚園児と乳児を抱えて、住んだことのない東北地方の秋田県に引っ越すという環境変化への不安もありました。

しかし、暗中模索するしかありませんでした。先の❶〜❺に関しては、誰かお手本がいたわけではなく、オリジナルで試行錯誤しながら身に付けました。それぞれどのタイミングで身に付けたかを振り返ってみます。

前述の通り、税務署長になる前、税務大学校でいろいろな必要な知識を学びましたが、1つ目の「ミッションを考えて共有する」については、特に学びませんでした。税務署では署員の士気高揚が署長の大事な任務になります。というのも、税務署の署員の仕事は結構つらいのです。税の取り立てや強制執行も仕事のうちで、納税者から嫌われる役回りです。でも、誰かがやらなければいけない仕事であり、みんなに意欲を持って元気に働いてもらわなければいけませんから、士気高揚が必要になるのです。

そのために何が必要かというと、まずは人事です。「頑張ったら昇進させる」「ボーナスの割り増し支給」といった信賞必罰です。国税局は人事の話は一生懸命しますが、署員の中には出世を気にしない人もいますし、それだけでは人間はなかなか動きません。

そこで私が考えたのが**「ミッション」**でした。税務署は何のためにあるのか。なぜこんなきつい仕事をしなければいけないのかを署員に説かなければいけません。これは署長になってから考えたことです。税務署で働くこと自体が初めてでしたし、税務署の仕事の大変さは、外から見るだけでは分かりません。署長として働き始めて、署員の皆さんと話す中で「これは大変な仕事だ。励ます必要がある」と感じたわけです。

赴任後1〜2カ月たった頃からでしょうか。「国税とはいろいろな行政の下支えをするものだから、とても大切だ。これがなくなったら日本の財政は回らないし、道路など人々の生活に必要なものも作れない。署員の皆さんに苦労して集めてもらった税金で、国が回っているんですよ」という話をしょっちゅうするようになりました。そうして皆さんにそのミッションを理解して、共有してもらうようにしました。

自分自身のことを考えてみると、自治省で働き始めた最初の5年間はきつい日々でした。そんな中で「何が自分が仕事をするうえでの励みになったかな」と振り返ると、「国家や国民のために大切な仕事をしている」という思いでした。仕事がつらくても、「世の中の役に立っている」という大義を共有できていれば、それで乗り切れる人も多いはず——。これは自分の個人的体験から感じたことです。

2つ目の「任せる」についても、税務署時代に身に付けたことです。三十数人の職場で、**仕事をみんなに任せるしかなかった**んです。私は税に関する専門的なことは分かりませんし、所得税や法人税、酒税、相続税など、すべて専門の職員がいるわけですから。信頼できる署員ばかりでしたが、中には能力的にやや心配な署員もいたので、そういう場合は自分なりに注視したり、その署員の上司に、目立たないように様子を聞いたりしました。

管理職の仕事をしていると、ひょっとしたら妙なリスクが降りかかってくる可能性もあります。部下に任せた後に、その信頼に応えてもらえないケースもあるかもしれない。でも、信じて任せるしかないんです。

なお、課の業績目標を設けて達成することばかり考えていると、マイクロマネジメントになりがちです。課の目標を決めて、部下一人ひとりの目標に落とし込み、全員の仕事の達成度合いをチェックしなければならなくなり、管理職はとても忙しくなります。

そうではなく、**大どころから押さえるようにしたほうが、自分に余裕が出ます。そして余裕が出てくると、自然と部下の様子に目を配ることができる**ようになるものです。

3つ目の「部下一人ひとりが能力と意欲を遺憾なく発揮できるように目配りする」は、どんな職場でも大事ですよね。**部下に一生懸命働いてもらったほうがいいに決まっている**

んです。人員は限られていますから、叱ったり、がみがみ言ったりして腐らせてすねられたりすると、チームの力はすぐに落ちます。部下を褒めて、やる気を引き出すことは、管理職の役目としては当たり前です。みんなが力を発揮することで、チーム力が増し、会社であれば企業価値の伸びにつながります。

4つ目の「自分やチームの仕事を減らす」は、税務署長の後、鳥取県庁で財政課長を務めたときに学びました。ものすごい仕事量で、徹夜する職員もいるほどでした。1年目は仕方がなかったのですが、2年目以降は要領が分かってきて、「この資料は簡素化しよう」「これは資料はなくして口頭報告だけにしよう」と**どんどん仕事を減らしました**。さらに3年後、自治省で課長補佐として働いたときも、とても忙しくて、みんな夜遅くまで働いていました。「これは大変だ」と、ここでも仕事を減らしました。

仕事は増やそうと思わなくても増えていきます。仕事が増えるときは、咄嗟《とっさ》に増えることが多いですよね。例えば「こういう資料を作ってくれ」と言われたときに、「代わりになくす仕事が見つかったら、そのときに引き受けます」なんて言っていられませんから、すぐ作ります。だからこそ「これは要らないよね」「これは無意味だよね」と、絶えず仕事の見直しを行う必要がある。半年に1度と言わず、毎日そういう目で仕事を見る。毎日が断捨離です。

例えば年中行事のように毎年恒例でやっている仕事がある場合は、その仕事に取り掛かる時期が来たら「この仕事って、何の役に立っているのだろうか」と見直してみる。その仕事が実はあまり役立っていないことが分かったら、思い切ってやめる。必要になったらまたやればいいんです。そういうタイミングが仕事を減らすチャンスになると思います。これが身に付くと、だんだん勘所をつかめてきます。

でも、新しい職場に行って1年目にすぐ仕事を減らし始めるのは避けたほうがいいです。不要と思ってやめたものが、あとになって「ここで必要になるのか！」と分かることもありますから。人事異動後、1回は前年踏襲をすることをおすすめします。2年目からは適宜判断できるようになるでしょう。

5つ目の「先のことを考える」を強く意識したのは、鳥取県庁の財政課長時代でした。県庁の財政の要の課です。県議会の本会議では知事の後ろに、県庁のことを一番よく分かっているだろうという推定のもと、財政課長が座わります。質問を受けて答弁する知事の真後ろの席に座り、ずっと知事の様子を見ていられるので、私は**「もし自分が知事だったら、今来た質問にどう答えるだろう」などと、知らず知らずのうちに考える**ようになりました。難しそうな質問に知事がスパッと答えたときは失礼ながら、「大したもんだ」と上から目線で思ったりしてね。中には「こう答えたほうがよかったんじゃないかな」と思うこともありました。

会社の中でも、日々、皆さんはそういう体験をしていると思うんです。例えば会議を切り盛りする上司を見て、「もうちょっと効率的にやればいいのに」と感じることはありませんか。一方で「私もああなりたい」というようなお手本を見つける場合もあると思います。よその部署の部長が会議を効率よく仕切っているのを見ることもあるかもしれません。そしてひょっとしたら、将来、自分がその部署の部長になる可能性だってあるわけです。こんなふうに社内外でいろんな人と出会いながら「もし自分がその人のポストに立つとしたら、どう振る舞うだろうか」と考えるようにすると、先のことをイメージできるようになると思います。

管理職の仕事として、基本中の基本として最後に付け加えたのが、6つ目の「人材配置」と「予算配分」です。どの人材がどういう仕事に向いているかを見極め、今のメンバーの配置を見て、「ここが弱いから変えないといけない」「この部門がとても忙しいから、人材を追加して投入する必要がある」と判断することは管理職の大事な役割です。また、限られた予算をどう適正に配分していくかも管理職がすべき仕事ですよね。

ではここで、まだ管理職になってはいないけれど、「将来、管理職になるかもしれない」、もしくは「将来、管理職に挑戦してみたい」と思っている皆さんへのアドバイスをしたいと思います。

将来、もしあなたが管理職になったとしたら。そのとき自分の糧になるものをためておく時期という意味で**「今」はとても大切なとき**です。部下という立場で、上司の姿から多くを学べる期間ですから。

「何十人のうちの1人」という立場で仕事をしている「今」しか学べないものがあります。日常的に、上司が自分をどう遇しているかを観察して、自分がそれをどう感じているかをしっかり覚えておいてください。されてうれしかったこと、嫌だったことを忘れないでください。上司の姿を見て、自分が管理職としてどう振る舞うかを想像してください。そういうトレーニングを積んでおくことを強くおすすめします。そのトレーニングが将来の自信につながるはずです。

目の前の仕事に一生懸命になりながらも、部下の1人として、のほほんとしたスタンスでいると、いざ自分が20～30人の部下を持つ管理職になったときに戸惑ってしまうでしょう。

最後に、今から管理職になるという人へのメッセージを送ります。**とにかく楽しく仕事をしてください。**自分も楽しく、そして、チームのメンバーみんなにも楽しく仕事をしてもらえるような環境をつくってください。自分たちの課のミッションをわきまえたうえで、楽しくやりましょう。

勤務先が役所であれば、「国民のため」「住民のため」が一番の大きなミッションになるはずです。企業であれば「顧客のため」。顧客が必要とするサービスや商品を提供することで、企業を存続させるのがミッションになると思います。その枠の中で、**いかに自分を楽しく成長させていくか、メンバーに楽しくのびのびと仕事をしてもらうかを追求する。**それが顧客満足度を高め、結果、企業価値も高めることにつながり、株主にも喜ばれる――。そんなことを頭に描きながら、「どうすれば仕事を楽しめるかな」と考えてほしいのです。その結果、「この仕事は無駄だからやめよう」という発想に行きつくでしょう。何か苦しいことに出合ったら、「何が苦しいのだろう」「この苦しみは何なんだろう」と考え、苦しみの根源が分かったらそれを除去していく。そういう方向に進んでいけば、あなた自身の気持ちの状態も、職場もよりよくなっていくはずです。

【 巻末付録❶&❷ 】

本書を作るにあたってアンケートを行い、現役管理職と管理職経験者約3000人から「管理職になる前に知っておきたかったこと、身に付けておきたかったこと」を教えてもらいました。管理職の本音の山です。まだ管理職の一歩手前にいるあなたは、今のうちに学んでおけば後になって助けられるでしょう。もう既に管理職になっている場合は、時間を見つけて学んでみてください。最後の項目は、現役管理職と管理職経験者約1300人に聞いた「管理職になってよかったこと」です。たった数行のコメントですが、もしかするとあなたにとってのロールモデルが見つかるかもしれませんよ。

巻末付録❶

管理職になる前に知っておきたかったこと、身に付けておきたかったこと

＊属性による偏りが見られなかったため、属性情報は未記載

管理職として身に付けておくべき基礎知識を学ぶ研修が、社内になかったこと

課長とは何か

決算書の読み方

予算策定や根回しの具体的手順

人材育成や人事評価の基礎と心構え

人の育成が管理職の重要な仕事であること

労務管理

労働基準法など人事管理関連の法律

面接や面談のやり方

業務管理

厳しく指導されて育ってきたが、今の若手はそうではない。管理職になってから、部下への向き合い方に関する考え方を変えるのが難しかった

チームビルディング

交渉スキル

中期経営計画の立て方や達成基準のつくり方

リーダーシップスタイルには多様性があることを知っておきたかった。過去の上司の振る舞いを思い出しながらやるのは限界がある。もとの上司のやり方が好きではなかったり、自分にはできなかったりすると詰む

「理想の管理職像」に縛られないことの大切さ

1on1（ワンオンワン）ミーティングの方法

部下への向き合い方

コーチングスキル

言うことを聞かない
部下への対応方法

自分と合わない部下に対して、先入観や
苦手意識を排除して公平に向き合う方法

メンタルマネジメントを20代から学んでい
れば、仕事とマネジメントと業務に関する
勉強で、忙殺されることがなかったかも

年上の部下への接し方

部下への注意の仕方

人を動かして成果
を出す方法やマイ
ンドセット

部下へのネガティブフィードバックの方法

モチベーションの低いベテラン部下や、年の離
れた若手部下との向き合い方や支援体制が、社
内に用意されていないこと

組織の心理学

社内の派閥や社内政治

誰が社内のキーパーソンか

部門横断的な仕事をしたかったら、担当に直接
言うのではなく、縦割りラインの上の人に仁義を
切る必要があること

社内の報告、調整、
忖度に関する基礎
知識

上司からの重圧。役職なしのときとは比べものにならない。役員からの確認
や経営的な圧がすごかった

セルフマネジメントの仕方

休日出勤や残業に対する手当てがなくなり、給与が減る場合があること

昇格後の具体的な給与額

もっと現場に関する知識や経験を積んでおきたかった。知らないことが多いと、トラブル対応に時間がかかり、業務を圧迫する

自分の仕事に集中できる時間のつくり方

部下への仕事の振り方

評価されるポイント

自分がメンバーより優秀でなくてもいいこと

これまでの組織のかたちや仕事のやり方に沿う必要はないこと

「実務能力の高さ＝管理能力の高さ」ではないこと

組織の長や社長が自分に求めていること

自部署だけでなく、関連部署や会社全体を見る視点が必要なことを、教えておいてほしかった

会議や提出物（定例リポート・報告など）が想像以上に多いこと

自分で抱え込まず、部下にもっと甘えて任せ、託せばいいということ

それぞれの役職が持つ「最大権限」。小さな組織では、これが明確でないことが多い。しかし、管理職として働くためには必須な情報であり、はっきりさせておくべきだった

専門知識より、マネジメント能力が問われること

管理職は自分のスキルアップに使う時間が少ない

会社の意思決定プロセスや重要課題

困ったときは心ある部下に相談するのが、解決への近道であること

予期せぬことも起こり得るということ。更年期なども重なり、無理が効かずきつかった。思春期の子どもへの対応と要介護になった親の問題もあり、様々なことが一気に起こって対処しきれなかった

家族への影響が大きいこと

若手が何を重視しているか

仕事での力の抜き方の加減

課長時代が最もきつかったこと。会社で倒れて、救急車で搬送され、7カ月間入院し、復帰後、「めちゃめちゃ早く部長になってやる」と思った。近くの会社に務める若手の課長職の会を立ち上げ、そこで相談した。プロジェクトを多数立ち上げ、社長や役員に覚えてもらい、プロジェクトを成功させて部長に昇進した。部長になったあとは、自分の裁量が大きくなり（本部長、執行役員になってからはさらに）とにかく課長職を早く抜け出すことを考え、猛スピードで走るという方法もある

管理職は、もめ事に対処する役割であること

自分のキャリア計画やビジョンをもう少し描いておけばよかった

与えられた目標を達成するために、計画を立てる癖をつけていればよかった。がむしゃらではいけない

＊日経クロスウーマン「女性のキャリア（働き方）に関するアンケート2023」「課長経験者（現役の課長も含む）の皆さんへのアンケート」への回答より

巻末付録❷

管理職になってよかったこと

自分の裁量で組織を動かせること。予算や人事を掌握して自身の実現したいこと（会社方針に沿っていることが前提）に、組織として挑戦できる（執行役員、40代、富山県、メーカー〈医薬品〉）

四半期単位の1on1で、メンバーの次期の課題と改善策を一緒に考えて実施でき、メンバーのモチベーション評価が上がった（課長職経験者、50代、東京都、不動産）

会社の戦略と自分の仕事の関わりが見えて面白い（課長、30代、東京都、銀行）

転職先を見つけやすい（課長、30代、東京都、銀行）

裁量が増えて、やりがいがある。仕事の総量は増えたが、日中に子どもの用事などを済ませやすくなった。また、プロジェクトの進め方、改善、人の割り振りなどを自分で行えるので、理想を実現でき、挑戦しやすくなった（課長、40代、海外、メーカー〈機械・電気機器・精密機器〉）

世の中を変えていきたい方向に、多少なりとも変えていけること（課長、60代、東京都、建設）

給与の大幅アップ（課長、50代、奈良県、メーカー〈鉄鋼・非鉄金属〉）

収入が上がり、家庭と両立するための選択肢が増えた（家事サービスを心おきなく頼めるようになった）（課長、40代、東京都、IT・情報・通信）

転勤して全国に仲間ができた（課長、60代、大阪府、保険）

経営視点に切り替わった（経営者、40代、東京都、シンクタンク・コンサル）

フォーカスしたい対象の業務に、フォーカスしやすくなる（課長、30代、東京都、商社）

異動する日に部下が私を追いかけてきて、泣きながら「今までのご指導、ありがとうございました」と伝えてくれたことが、心に残っている（課長、50代、埼玉県、小売）

違う部署の部長に異動になったとき、送別会にほぼすべての部員が参加してくれた。人の育成はやりがいがある（部長、50代、大阪府、マスコミ）

部下や上司、同僚から、「あなたと一緒に仕事ができてうれしかった」と言われた（課長、40代、神奈川県、教育）

視座が上がり、仕事が楽しくなった（課長職経験者、40代、東京都、教育）

メンバーが新しいことに挑戦して達成したときの喜びをともに感じられる（課長、40代、神奈川県、建設）

担当者のときに味わえなかった、チームで仕事を成し遂げた達成感は素晴らしかった（課長職経験者、40代、東京都、銀行）

前の上司の好き、嫌いで低く評価されていた若手が自分のもとに集まってきて、いきいきと働いてくれているのがうれしい（部長、50代、東京都、運輸）

業務の質が上がった（部長、40代、神奈川県、IT・情報・通信）

共有される情報が多いため、今、何のためにこの仕事をするのか、他部署は何をしているのか、経営層は何を考えているのかが見えやすくなった。主体的に動けるようになり、やらされ感が減った（課長、50代、東京都、メーカー〈機械・電気機器・精密機器〉）

部下が社内表彰を受けると、自分のことのようにうれしくなる（課長、30代、東京都、シンクタンク・コンサル）

ピープルマネジメントの楽しさ、醍醐味を感じる（部長、40代、海外、商社）

最初は戸惑うことも多かったが、悩みながらも部下とコミュニケーションを取り、様々な経験をして自分自身も成長できた（部長、年齢未記入、新潟県、公務員）

人材育成の醍醐味。人を育てることは「未来をつくること」。部下がスキルを伸ばし、自信をつけ、主体的に行動できるようになる過程を、間近で見守れるのは管理職ならではのやりがいだ（課長、30代、東京都、シンクタンク・コンサル）

若い頃、職場で「もっとこうしたらいいのに」と思っていたことを自分の判断で改善できた（部長、60代、東京都、地方自治体）

仕事と育児の両立が大変で、退職を考えていた部下に、在宅勤務の活用や仕事の進め方の見直しをアドバイスして退職を防げた（部長、60代、東京都、地方目治体）

社内で活動できる範囲や権限が増えた（課長、50代、東京都、教師）

意見を聞いてもらえる（課長、50代、兵庫県、建設）

管理職からのプレッシャーを感じなくてもよくなる（課長、40代、東京都、IT・情報・通信）

行動や発言に正式に責任を取れる立場になり、やる気が出た（課長、40代、愛知県、運輸）

チーム運営力を評価され、他部署の部員が自分のチームの会議を見学に来た（課長、40代、東京都、その他メーカー）

管理職になってよかったこと

自分が組織のトップになったとき、新卒で上がってきた社員と、キャリア入社社員の給与差をほぼ平等にした。ずっと改善したかったことだったのでうれしかった（社長、50代、東京都、IT・情報・通信）

戦略策定に携れるようになった。自分で戦略を立てる側に回ると、どんな情報を取り込むべきか、どこまで視点を広げるべきか、自社の技術力や戦略との齟《そ》齬《ご》はないかといった点まで考えざるを得ず、一気に視座が上がる（部長職経験者、60代、神奈川県、エンジニアリング）

自分はプレーヤーに向いていると思い込んでいたが、マネジメントをやってみると、適性があることが分かったし、周囲からの評価も格段に上がった（課長、60代、兵庫県、銀行）

世の中をより俯瞰的にとらえられるようになった（課長職経験者、60代、京都府、シンクタンク・コンサル）

仕事で試してみたいことを、大体何でもできるようになった（部長、50代、大阪府、メーカー〈機械・電気機器・精密機器〉）

マルチタスクで仕事をこなす力を存分に発揮できる。時間の使い方や想定外事案の処理、対応力、判断力など、家事や育児、介護を通して日々訓練してきたことを生かせている実感がある（部長、60代、東京都、鳥取県）

自分の裁量で部門（ひいては会社）を回せるようになった。嫌な仕事は部門全体で断る。嫌な顧客（セクハラなど）もぶった切れるなど、責任はあれど、嫌なことはできるだけ避けて、いい職場環境をつくることができた（社長、50代、東京都、IT・情報・通信）

後輩から「ロールモデルになる人を初めて見つけた」と言われてうれしかった（課長、30代、東京都、銀行）

＊日経クロスウーマン「課長経験者（現役の課長も含む）の皆さんへのアンケート」への回答より

片山善博 かたやまよしひろ

大正大学特任教授・地域構想研究所所長／元鳥取県知事／元総務大臣

岡山県生まれ。東京大学法学部卒業。1974年、自治省（総務省の前身）入省。99年4月、鳥取県知事選挙に出馬し、初当選。2期を務めた。2010年9月、総務大臣に任命され、入閣。11年9月に退任し、慶應義塾大学教授に。17年4月、早稲田大学公共経営大学院教授。22年4月から現職。自治省に入省後、大蔵省（財務省の前身）に出向し、27歳で税務署長として部下30人以上のマネジメントを担ったことに始まり、約30年の様々な管理職経験を持つ。

管理職になる前に知っておきたかった50のこと

2025年 4月 21日　第1版第1刷発行

著　者	片山善博
発行者	佐藤珠希
発　行	株式会社日経BP
発　売	株式会社日経BPマーケティング
	〒105-8308 東京都港区虎ノ門4-3-12
ブックデザイン	小口翔平＋神田つぐみ（tobufune）
本文デザイン・制作	藤原未央
編　集	小田舞子（日経BP）
校　閲	聚珍社
印刷・製本	TOPPANクロレ株式会社

ISBN 978-4-296-20776-3

©Yoshihiro Katayama 2025 Printed in Japan

書の無断転写・複製（コピー等）は、著作権法上の例外を除き、禁じられています。購入者以外の第三者による電子データ化および電子書籍化は、私的使用も含め一切認められておりません。

本書に関するお問い合わせ、ご連絡は右記にて承ります。　https://nkbp.jp/booksQA